重庆市职业教育学会规划教材／职业教育传媒艺术类专业新形态教材

全媒体产品设计运营

QUAN MEITI CHANPIN SHEJI YUNYING

主　编　李　兰　唐春妮

副主编　李传帅　汪丹丹　王建欣　陈明明

参　编　程化宇　郭一可　王梦楠　陈思颖　董　博

重庆大学出版社

图书在版编目（CIP）数据

全媒体产品设计运营 / 李兰，唐春妮主编. --重庆：
重庆大学出版社，2023.1
职业教育传媒艺术类专业新形态教材
ISBN 978-7-5689-3560-9

Ⅰ.①全…　Ⅱ.①李…②唐…　Ⅲ.①传播媒介—运
营管理—职业教育—教材　Ⅳ.①G206.2

中国国家版本馆CIP数据核字（2023）第003279号

重庆市职业教育学会规划教材
职业教育传媒艺术类专业新形态教材

全媒体产品设计运营
QUANMEITI CHANPIN SHEJI YUNYING

主　　编：李　兰　唐春妮
副 主 编：李传帅　汪丹丹　王建欣　陈明明
策划编辑：席远航　蹇　佳　周　晓
责任编辑：周　晓　　装帧设计：品木文化
责任校对：王　倩　　责任印制：赵　晟

....

重庆大学出版社出版发行
出版人：饶帮华
社　址：重庆市沙坪坝区大学城西路21号
邮　编：401331
电　话：（023）88617190　88617185（中小学）
传　真：（023）88617186　88617166
网　址：http://www.cqup.com.cn
邮　箱：fxk@cqup.com.cn（营销中心）
全国新华书店经销
印刷：重庆长虹印务有限公司

....

开本：787mm×1092mm　1/16　印张：7.25　字数：139千
2023年1月第1版　　2023年1月第1次印刷
印数：1—3 000
ISBN 978-7-5689-3560-9　定价：48.00元

....

前 言
FOREWORD

在互联网时代高速发展的今天，媒介形式的多样化、媒介内容的复杂化使传播生态发生了极大的改变，各种媒体产品不断涌入并影响着我们的生活。人们在接受信息和享受服务的同时，对全媒体运营提出了更高的要求。而全媒体产品设计运营的新职业——全媒体运营师也顺势进入了人们的视线，并扮演着越来越重要的角色。全媒体运营师是指综合利用各种媒介技术和渠道，采用数据分析、创意策划等方式，从事对信息进行加工、匹配、分发、传播、反馈等工作的人员。

全媒体运营师应具备如下核心技能：

（1）能运用网络技术和工具，进行数据化分析，提高信息传播与用户需求的匹配性；

（2）负责对文字、声音、影像、动画、网页等信息内容进行策划和加工；

（3）将信息向目标受众进行精准分发、传播和营销；

（4）采集相关数据，根据数据分析、监控情况，调整媒体分发的渠道、策略；

（5）建立全媒体传播矩阵，构建多维度立体化的信息出入口。

本书由学校、企业的教师和专业人员合作编写，以落实立德树人为宗旨，以国家职业标准为依据，以提升学习者综合职业能力为根本任务，以全媒体行业的职业岗位能力需求为目的，以典型工作任务为载体，结合全媒体产品设计运营的新业态、新水平、新技术，将技术技能点转换为六大模块。

本书在开篇对实训内容对应的技能和岗位要求进行了梳理，充分体现了"岗课赛证"的特征，便于读者学习、研究与参考。本书适合数字媒体艺术、数字媒体技术、广告设计、艺术设计等专业的学生和新媒体相关行业的从业者使用。

本书由李兰、唐春妮担任主编，负责统筹全书的编写整理工作；李传帅、汪丹丹、王建欣、陈明明担任副主编，负责全书的编写工作；程化宇、郭一可、王梦楠、陈思颖、董博等参编，负责全书的数字资源录制工作。

编　者

2023年1月

"岗课赛证"融通一览表

项目	对应技能要求	对应岗位	参考来源
全媒体运营师（证书）	商业文案写作	新媒体编辑	重庆市新职业考核标准
	短视频制作与包装	视频编辑	
	新媒体平台运营	新媒体运营专员	
	短视频平台运营	短视频运营专员	
	媒介广告投放与运营	广告投放专员	
	直播平台运营	直播运营经理、主播	
全媒体运营师（竞赛）	全媒体运营传播矩阵及运营方法	新媒体运营经理	全国"全媒体运营师"新职业新技能竞赛说明文件
	网络信息技术及相关工具使用	UI 设计师、前端设计师	
	掌握各新媒体平台的注册流程	新媒体运营专员	
	独立完成个人账号配置或企业账号配置	新媒体运营专员	
	掌握图片、音视频等各种媒体格式制作	新媒体运营专员	
	全媒体文案排版基本知识、实操能力	新媒体编辑	
	全媒体产品策划基本知识	新媒体运营经理	
	利用全媒体渠道，用文字、图片或视频等形式把信息综合呈现在用户面前	新媒体编辑	
	使用全媒体文稿编辑器，对图片、视频、文字、可视化作品进行聚合、发布等操作	新媒体编辑	

目　录
CONTENTS

模块五　直播与直播运营

模块六　新媒体运营

参考文献

模块一｜全媒体产品创意与品牌包装

模块解读

项目说明

过去，企业的宣传内容大多局限于文字类内容。如今，在实际应用过程中，企业需要将基本的文字类内容，根据实际的用户调研结果转化为视频、图文、商务软文等媒体形式，在互联网上进行传播。如何做好用户调研？如何撰写商务软文？图文类内容的优势在哪里？品牌视频内容如何策划？这些问题将在这一项目中一一解答。

项目目标

- 掌握基本的用户调研方法
- 掌握商务软文的撰写
- 掌握图文内容撰写的技巧
- 掌握品牌视频内容策划的技巧

知识补充

在本项目开始之前，我们需要对什么是品牌包装、什么是用户调研以及调研方法等有一个基本的了解。

（1）了解品牌包装

①品牌包装的概念

在当下品牌激烈竞争的环境中，企业为了更快更好地发展，为了产品更高效地流通而进行的一系列策划与设计，即从品牌视觉形象系统、品牌文化传播、商业环境的设计等系列行为，对品牌概念所作的整体商业文化的包装，称为品牌包装。

②品牌包装的作用

一个好的产品通常有认知—考虑—认可—销售—认可—口碑等过程，并在市场上形成良性循环。因此，可以把品牌包装的作用归纳为：

- 传达理念：能够有效传达企业的经营理念和文化内涵，并准确地传递给消费者；
- 提升价值：能使品牌具有较高的信誉度，提升商品附加值和转化率；
- 吸引客户：能够有效提升产品的销量，挽留更多的客户；
- 品牌识别：能够有效区别于其他产品，提升产品的识别性。

（2）什么是用户调研

①用户调研的概念

　　用户调研是了解用户在特定场景下的诉求和意愿，从而产生对应产品需求的活动。具体指通过各种方式得到受访者的建议和意见，并对此进行汇总和研究。用户调研的目的在于为生产和营销提供相关数据基础。

②用户调研的思路

　　● 想法验证：当你想做一个活动或者一个项目时，多与用户进行沟通，看看是否符合他们的需求，以此验证自己的想法是否正确。

　　● 意见征集：通过对产品用户的意见征集了解用户需求、产品使用等实际问题。

　　● 问题改进：每一次产品改进，都把用户反馈的问题优先排在最前面。产品优化过程需要用户及时、真实地反馈，用户的意见将是产品未来迭代的方向。

　　● 发现机会：我们要从与用户的沟通交流中挖掘产品的创新点、不足点，不断迭代升级产品。

③调研方法

　　● 问卷法：这是最为基础、成本最低的一种调研方法。这种方法可以在线下收集，也可以在线上生成电子表格，通过社交媒体传播，快速完成调研过程，用户参与度较高。

　　● 问卷分两种：一种是常见的"填"，即通过填表的形式完成调研；还有一种是"测"，即测试用户对品牌、相关产品常识等信息的具体了解情况，从中发现一些问题。

　　● 电话访谈法：如果你服务的客户是覆盖全国的，那么你可以直接通过电话或者视频的方式和用户取得联系，这种沟通方式能够让你从用户的对话中挖掘更多的信息。

　　● 座谈法：越是重要的调研，线下座谈的仪式感更强，用户表达的意愿也更强，能够强化双方的信任。一般可以采用"一对一"的访谈，也可以采用"一对多"的方式，以开放式的问题展开交流。

　　● 对比法：如果你不知道哪款产品更受用户青睐，就把选择权交给用户。可以是你自己准备的两款产品，也可以是所在企业的产品和竞争对手的产品，等用户体验之后，收集用户的反馈。

　　● 观察法：可以作为一个旁观者去看用户行为的表现，不要事先去干涉用户决策。用户使用产品的顺序是什么？用户关注的产品功能是什么？影响用户某次消费决策的因素是什么？这些问题都可以通过观察用户最真实的反应得到解答。

● 体验法：由于用户并不能完全接收运营人员的意图，运营人员需要转变角色，以一个使用者的身份参与到社群中，进行保持深度沟通，这样便能获得一线的产品体验反馈。

任务一　用户调研方法实践

任务解读

用户调研不应被轻视，有效的用户调研能够帮助后续产品的开发。

（1）问题设计

问题设计应该做到：能让用户做选择和判断，就避免让用户书写或大篇幅地回答。另外，一般的调研问题不超过 20 个，最好在 10 个以内。尤其是做街头陌生用户调研时，许多用户内心是排斥的，让他们积极地参与才能提高调研的成功率，要注意问题的难易、数量、时长。同时，要注意调研的问题有正向的意义。

当然对于重点客户进行深度访谈依旧是最有价值的一种方法，具体要根据实际情况来决定。

（2）因人而异

有些用户调研关注笼统和泛在的问题，所以列出的问题是统一的，用户只需要选择和回答。但对于做某些特定人群的用户调研时，要学会因人而异设置问题。比如针对刚生了孩子的妈妈，或者针对大学生和职场青年，可能同样是围绕着吃喝玩乐提出问题，问题的设置是不同的，因为每类人群的关注点是不同的。

（3）奖励机制

想要提升用户调研的积极性，最重要的一点是不让用户白配合调研工作，需要设置奖励机制来维持用户活跃度。从奖品的维度来看，可以是现金、积分、实物、特权，尤其是在线下做调研时，一定要实现所见即所得。

（4）数据统计

在调研中，能用数据描述的，就尽量不要用文字表达，尤其是一些模棱两可的文字，比如大概、好多、有些。用一个准确的数据来反馈，有多少用户喜欢或不喜欢，有多少用户提出需求、多少用户不在意，更能够直观地看出问题。

（5）片面陷阱

做用户调研并不是完全听信于用户，所有的调研数据对于我们来说只具备参考作用，最后的决策还是要基于企业通过多方面的信息进行综合判断。尤其是在样本不够充分的前提下，不要对用户个性化的问题、需求太过担忧，有些意见并不具备合理性，有时候反而会误导决策。

在用户调研中，绝大多数人体现出来的相同意见，才是有考量价值的。

（6）常态调研

如果想知道产品到底做得怎么样，那就要将调研变成常态化的行为，即需要有规律地进行用户调研。比如，从产品上线的第一周开始，就可以持续地去做用户问题、意见的收集。

用户的需求是动态化的，只有及时了解用户的想法，才能够为企业产品或者市场调整提供下一步决策的依据。

任务流程

软件准备：WPS Office 办公软件；思维导图软件（Xmind、MindMaster）。

（1）明确调研目的

在调研前，需要确保调研目的是否清晰，并围绕着这个目的，规划好想要获取的有用信息。

例如一家在线培训机构，他们调研的目的是：想要知道他们所假设的学习形式是否真的可以让用户们顺畅地完成学习。如果不能，问题出在哪里？如果用户们提出了某些更好的学习形式，运营资金的投入是否可以提升企业效益？

结合上述企业调研目的，可以将调研目的拟定为了解课程与作业的匹配度，了解学生学习过程中的难点。

请同学们填写下表内对应的调研项目背景、调研目的：

序号	事项	内容
1	调研项目背景	
2	调研目的	

（2）选择目标用户

有了明确的目的，接下来就需要选择目标用户。选择目标用户时，你只需要从大量的目标用户中挑出一类（具体需要了解的那类人群）就好，切忌选择目标用户人群类别过多、杂乱，这样反而得不到想要的信息，并且会出现做了很多工作，但结果却毫无用处的情况。

（3）设计调研问题

梳理出产品体验全流程，包括认知、购买、使用、售后等环节。在每个体验点下，分析并总结用户有可能会遇到哪些问题导致自己无法完成这个过程或者完成流程过后，可能会出现哪些问题导致用户体验不佳或使用效果不好。

总结完这些问题之后，给出相应的解决方案，这些解决方案应当是可落地执行的。

以下举个例子，方便大家明白实际的操作方式。比如，要做一个线上学习小组的用户调研，我们可以完成如下操作：

学习小组的整个流程：线上听课—微信发布作业课程等学习资料—阅读学习资料—完成作业—提交作业—得到反馈。

用户可能遇到的问题包括：课程与作业关联度不大；该课程本来就不适合配作业；教师通过在线平台单向的批改无法给予用户更多价值，用户可能更需要讨论和二次实践。

到这里，你可能会认为设计调研问题到这一步就应该结束了，下一步就应该直接准备问题并进行用户访谈，根据用户访谈的结果，提出相关问题的解决方案。

但如果问题设计阶段就到此为止，那么用户访谈可能就会是场景 A 的情况：

场景A

调研者：你觉得课程配作业的方式较之前官网只看课程的方式能让你更好地学习课程内容吗？

用户：不能。

调研者：为什么呢？

用户：因为课程与作业的关联程度并不高，我根本没法做。

调研者：哦！好的谢谢！

……

而如果在提问之前就提前想好了解决方案，比如针对作业这个问题，我们可以想到的解决方案有：

● 改进题库，增强题库作业与课程的匹配度；

● 课程和对应作业关联程度不高，增加一个微信群用于反馈这种情况并及时调整。

在这种准备下，我们的用户访谈则大致会是场景 B 的情况：

场景B

调研者：你觉得课程配作业的方式比之前官网只看课程的方式能让你更好

地学习课程内容吗?

用户:不能。

调研者:为什么呢?

用户:因为课程与作业的关联程度并不高,我根本没法做。

调研者:如果我们把作业题目改进一下,根据课程配相应的作业。如果有课程不配作业的情况,可以加入问题反馈的微信群,在群里把相关问题及时反映给客服人员,你觉得会好一点吗?

用户:我觉得老师的这门课程真的就是一个常识科普课程,微信群反馈也能更加直接有效。

调研者:噢,好的,谢谢!

……

以上场景 A 和场景 B,你觉得哪个场景下进行用户访谈比较好呢?很明显是后者。做用户调研是一个验证自己想法,挖掘新需求的过程,了解问题发生的原因固然很重要,但是精准到解决方案,了解用户最关键的需求点在哪儿,才能更好地帮助企业做好产品优化和调整。

结合上述内容,我们将这个案例最后实际使用的问题罗列出来:

①你觉得配作业的方式较之前官网只看课程的方式能让你更好地学习课程内容吗?

②作业题目和描述上有没有什么难以理解的地方?

③从得到作业到完成作业的过程中,哪些地方你感觉遇到了障碍?

④根据课程写作业有无难度?感觉自己是否能完成?

⑤如果想要更好地理解这堂课程,你认为除做作业之外还有什么更好的方式?

问题罗列出来后,标注出你认为最关键、最可能会给用户体验带来影响的那些问题。问题准备完毕后,最好在项目成员间预演一遍。问题看起来虽然可能会很多,但在实际访谈的过程中,有可能会出现如下情况:用户主动地在回答第一个问题时就将自己觉得不好的具体地方说出来。处理这样的情况,你只需要对照你的问题清单,确保这些问题的答案你都从某个用户身上已经获得了即可。

根据下表事项要求,完成设计调研问题步骤:

序号	事项	内容
1	写出用户从了解产品到购买、使用产品的全部过程	
2	列出每个流程用户可能会遇到的问题	

续表

序号	事项	内容
3	对事项2列出的问题写出相应的解决方案	
4	与项目成员预演一遍调研的过程，记录实际问题并调整	
5	列出问题清单	

（4）明确调研方法并展开调研

● 选择合适的调研方法。

● 调节气氛，打破心理防御。

除问卷调查法外，其他调研方法均需要调节气氛，也就是在调研前跟访谈对象聊天，拉近双方的心理距离。

在问调研问题时也要尽可能还原相关场景，比如：结合上面线上培训的案例场景，调研者会问："最后一次做集体作业的时候，你在协作方面觉得哪些地方是比较困难的，哪些地方做得是比较好的呢？"

● 将问题具象化。

要将对调研问题所做的分析与思考渗入访谈中，也就是将问题具象化，将抽象化的问题进行拆解，转化为具象问题，才能够收到有效的问题反馈。

● 客观冷静、保持耐心。

任何时候，都不要只问中立或偏正面导向的问题，哪怕用户对产品满意度极高，也一定要牢记调研目的，保持客观和冷静的心态，打破砂锅问到底，只有这样你才能得到最真实的反馈。

另外，在做用户访谈时会花费意想不到的精力，调研人员一定要有坚定的信念，保持耐心，通过聊天逐步得到有效的调研结果。

请填写下表，明确调研的模式和调研实施时间及人员安排，最后将调研结果详细地记录在表格中，方便在总结调研结果时作为有效的分析素材。

序号	事项	内容
1	选择合适的调研方法	问卷法、音视频法、座谈法、对比法、观察法、体验法
2	明确实际的调研时间和调研参与人员	
3	收集调研结果	

（5）总结调研结果

对调研的过程和结论做汇总。请按照事项要求填写下表：

序号	事项	内容
1	根据调研问题，一一对应，列出实际的调研结果	
2	写出调研结论汇总	

任务指导

在任务制作过程中可以扫描二维码，观看任务制作视频，解决任务执行过程中的具体问题。

用户需求
调研

任务二　广告文案写作

任务解读

广告文案是广告作品中全部的语言符号。广告文案有广义和狭义之分，广义的广告文案是指通过广告语言、形象和其他因素，对既定的广告主题、广告创意所进行的具体表现。狭义的广告文案则指表现广告信息的言语与文字构成。

广告文案是由标题、广告正文、广告口号和随文组成的，它是广告内容的文字化表现。

任务流程

软件准备：WPS Office 办公软件；思维导图软件（Xmind、MindMaster）。

（1）明确目标产品

选择需要写广告文案的产品，产品不仅局限于实物产品，也可以是某项服务，比如某项语言培训。

（2）展开产品调研

通过调研和网络搜索，充分了解产品属性，然后用不超过 50 个字的文案将产品描述下来，内容包括产品的特点、功能、目标消费人群三个方面的内容。

请根据事项要求填写下表：

事项	内容
产品描述 （不超过 50 字）	

（3）明确核心创意

在进行广告文案创作时，要确定一个核心创意，也叫大点子、大创意。这个核心创意需要满足以下三个条件：独特性、可持续创作、原创性。例如，奥林蒸馏水确定的核心创意是"有渴望，就喝奥林"，围绕着人的种种"渴望"以及"口渴"的种种情景展开系列广告；为"红常青羊胎素"这一美容保健品所确定的大创意是"红常青，为女人除不平"，"不平"指脸上的"皱纹、斑痘"，又指心中的不平、怨言。

请根据事项要求填写下表：

事项	内容
写出广告文案的 核心创意	

（4）撰写广告文案

明确文案设计的层级，文案设计分为四个层级。

战略层：明确广告的目的，以及广告所描述的产品在市场中的定位；

感受层：达到这样的广告目的，我们需要让消费者建立起何种感知；

内容层：为了让消费者感知到这样的信息，我们需要创造什么内容；

表达层：这样的内容如何用合适的词汇表达出来。

撰写广告文案的基本原则：

①建立关联性。信息爆炸的互联网时代，商家之间进行的是一场注意力的争夺战，人们会轻易地忽略与自己无关的信息。如果受众认为与自己无关，文案就无法打动人心。

②巧用文案语言。就是使用强化受众感受、令人印象深刻、调动情绪、产生共鸣、看完想立即行动的语言。

③激发好奇心。所有的营销手段和文案都是基于对人性的洞察，而好奇心是人类永恒的特性之一，激发好奇心是最常用也是最好用的技巧。

请根据事项要求填写此表：

事项	内容
写出广告文案的内容部分初稿	

（5）不断修改广告文案

所有广告文案都是反复改出来的，没有人能够一蹴而就，所以反复打磨是必要的步骤。

请根据事项描述填写下表：

事项	内容
广告文案 1 稿	
广告文案 2 稿	
……	
广告文案终稿	

任务指导

在任务制作过程中，可以扫描二维码，观看任务制作视频，解决任务执行过程中的具体问题。

广告文案
撰写

任务三　故事型品牌宣传片内容策划

任务解读

企业都注重品牌的传播。对企业来说，品牌不仅是一个商标，还要能创造记忆点，将自己与某类产品产生直接的关联，能促进自身产品的销售。具体来说，企业品牌宣传片的作用如下：

第一，客户通过企业宣传片可以在短时间内充分了解企业发展历程、企业规模、经营理念。另一方面，对企业来讲，宣传片也是企业的名片，那就需要在保证宣传片真实性的基础上凸显企业优势，彰显企业形象。

第二，企业宣传片可以提升企业内部的凝聚力。对外的企业形象固然重要，但企业内部形象一样不可忽视。想提升企业凝聚力就要从提升企业内部形象开始，将一部优秀的企业宣传片在企业内部播放，可以帮助企业员工了解企业的实力与发展，激发员工的责任感。

第三，企业宣传片可以快速提升品牌知名度。如今是一个信息化的时代，信息传播速度快，选择合适的宣传渠道可以极大程度地帮助企业提升品牌知名度，例如电视台合适的时段、公交地铁上的广告投放等。

那么制作品牌宣传片时，有哪些要点需注意呢？

（1）从消费者角度写文案

品牌宣传片片头内容，应当展现一个品牌的经营理念，让客户产生共鸣，所以，应站在消费者的角度来写作文案，塑造一个亲近、专业，值得信赖的企业形象。

（2）公司产品介绍

如果品牌宣传片只讲态度，也是不合格的，宣传片的文案需要融入公司产品的相关介绍。产品是企业形象的综合体现和缩影，两者是分不开的。

（3）突出竞争优势

在介绍产品的过程中，要突出自身的竞争优势，与同行业同类产品相比的独特之处在哪儿，要直击用户的痛点。

任务流程

软件准备：WPS Office 办公软件；思维导图软件（Xmind、MindMaster）。

（1）片头：吸引受众注意

由于首因效应的存在，宣传片的片头需要足够有吸引力和感染力。如果用户一下子就给片子定义为某某类型的宣传片，直接视为与其他品牌差不多，那么这部宣传片就很难给观众带来期待和看下去的欲望。

（2）公司介绍：构建整体形象

按照最常规的文案写法，片头结束之后开始介绍公司的具体情况，展现公司的历史发展进程、规模、荣誉和企业风采，用具象、真实的内容和镜头让人们建立起对企业的整体感知。

（3）宣传主题：凸显产品优势

宣传主题可以围绕公司本身或产品来展开，以介绍产品为例，宣传片要凸显产品优势和独特的消费体验。

（4）实力展示：展示数据实例

最后，宣传片可以通过展示数据和实例来增强内容的可信度，提高消费者对产品的信任度，增强消费者黏性和忠诚度。

任务指导

企业宣传片
内容策划

在任务制作过程中，可以扫描二维码，观看任务制作视频，解决任务执行过程中的具体问题。

模块二｜全媒体产品全栈策划与开发

模块解读

项目说明

全栈策划与开发岗位特点：从业人员用一两年时间熟悉某领域后，学习效能随着经验增长而不断提升，能够游刃有余地应对全流程业务。

全栈策划与开发岗位出现的背景和必要性：运营理论快速发展；工具越来越多样化；产品越来越趋同，运营的重要性日渐突出。

全栈策划与开发岗位的要求：全流程掌握、全业务熟悉，了解运营边界的多面手；运营不再是具体职责，而是工作内容，以项目组的形式生存。

新媒体营销全栈：指同时具备新媒体运营、短视频运营、短视频电商直播、社群运营、活动策划运营能力。

全媒体设计全栈：指同时具备 UI 设计、电商设计、平面设计、新媒体传播介质设计（长图、H5、海报、新媒体文案视频封面、插图）、视频拍摄剪辑、直播场景设计、网页设计（界面、代码前端）能力。

而本模块的全媒体产品全栈策划与开发主要针对全媒体产品进行调研、数据分析、创意构思、策划、设计制作、平台运营等技能，并且能够运用这些技能独立完成产品开发运营全流程。

项目目标

- 掌握品牌标志设计的方法
- 掌握新媒体界面排版的方法
- 掌握信息长图设计与制作的方法
- 掌握 H5（HTML5）页面创意设计的技巧

知识补充

认识品牌
logo

（1）品牌标志

①品牌起源

在中世纪的欧洲，手工艺匠人用打烙印的方法，在自己的手工艺品上烙下标记，以便顾客识别产品的产地和生产者，这就产生了最初的商标，并以此为消费者提供担保，同时向生产者提供法律保护。

在中国春秋战国时期，商品交换促成城市和集市的发展，也相继出现行商和坐商。坐商就是早期的商店，以布帘或木板为招牌，书写"字号"以区隔其他商家，这就是中国最早的商业品牌概念。宋朝刘家功夫针铺的"白兔"包装图案基本上具备了品牌商标的特征。目前，中国现存一大批拥有世代传承的产品、技艺或服务的"老字号"，其品牌是数百年商业和手工业竞争中留下的瑰宝，被称为"中华老字号"（图 2-1、图 2-2）。

②品牌的概念

1955 年奥美广告公司的创始人、著名的广告大师大卫·奥格威从广告传播的角度首次提出了品牌形象理论。他认为"品牌是整体形象而不是细微的产品差异"。1994 年著名营销学家菲利普·科特勒对品牌的概念进行了新的界定："品牌是销售者向购买者长期提供的一组特定的特点、利益和服务。"这个定义比较全面、完整地阐述了品牌概念的内涵。

③品牌标志的作用

据心理学家分析，人们的信息 85% 是从视觉中获得的，因此，建立良好的品牌视觉形象是品牌具有竞争力的第一步。标志（logotype）对公司来说，具有识别和推广的作用，形象的徽标可以让消费者记住公司形象和品牌文化。标志作为企业 CIS（企业形象统一战略）战略中最主要部分，在企业形象传递过程中，是应用最广泛、出现频率最高，也是最关键的元素（图 2-3—图 2-7）。

图 2-1　中华老字号品牌

图 2-2　刘家功夫针铺的"白兔"商标（宋朝）

图 2-3　华为商标

图 2-4　可口可乐商标

图2-5　麦当劳标志　　　　图2-6　中国银行标志　　图2-7　蒙牛标志

（2）新媒体广告界面

新媒体广告是指建立在数字化技术平台上的、区别于传统媒体的、具有多种传播形式与内容形态的并且可以不断更新的全新媒体介质的广告。新媒体广告类型较多，本模块重点介绍微信广告、短视频App广告、微博广告和QQ广告。

①新媒体广告类型

● 微信广告

微信自营的广告始于微信运行4周年的2015年1月21日，第一条是署名为"微信团队"的用户发布的6张带字的图片。这条朋友圈广告的右上角有"推广"两个字，点开左上角的链接后会出现一个图片，上面写着"广告是生活的一部分"。该广告是微信广告的自我宣传，也成为微信的一种盈利模式（图2-8）。

图2-8　微信朋友圈的第一条广告

微信广告又分为微信公众号广告、微信朋友圈广告和微信小程序广告。

微信公众号广告：微信公众号广告常以公众号文章内容的形式在公众号文章中部、底部、视频贴片广告三个广告位进行展示（图2-9）。

微信朋友圈广告：该类广告的展现位置是在微信朋友圈的信息流中，包括微信朋友圈全幅式卡片广告、微信朋友圈选择式卡片广告、微信朋友圈基础式卡片广告、微信朋友圈常规式广告（图2-10）。

图 2-9　微信公众号广告

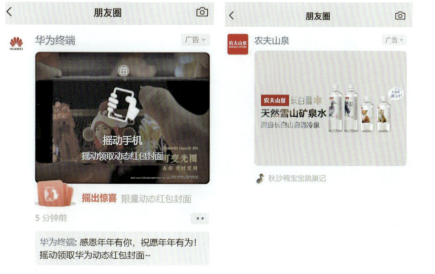

图 2-10　微信朋友圈广告

微信小程序广告：微信小程序广告即是投放在小程序广告位中的广告，其类型主要可分为微信小程序激励式视频广告、微信小程序横幅广告（Banner）和微信小程序插屏广告（图 2-11）。

● 短视频App广告

短视频 App 广告是以短视频 App，如抖音、秒拍等短视频软件为平台，继传统视频广告之后的一种新型广告形式。与传统的长视频广告相比，短视频广告的最大特点就是时间短、节奏快，并且能够在互联网新媒体平台上进行实时分享和无缝对接，有着非常独特的优势，营销效果佳、互动性强、能满足移动时代的碎片化需求、覆盖面广。如小米在抖音上发布了"小米 10 记录向往的生活"话题活动（图 2-12）。

● 微博广告

新浪微博是目前国内较大的社交媒体平台，主要通过明星入驻吸引众多网民注册。微博广告种类多，包括开屏广告、信息流广告、板块植入、关键词搜索、KOL 动态广告等类型（图 2-13）。具有互动性强、易于精准投放等优势。

● QQ广告

手机 QQ 广告：包括 QQ 看点信息流广告、QQ 看点底部大图广告、QQ 购物号广告、QQ 天气广告等（图 2-14）。

QQ 空间广告：包括图文卡片广告、视频故事广告、沉浸视频流广告、多图轮播广告、随心互动广告等。

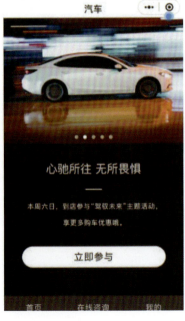

图 2-11　微信小程序广告　　　　　　　　　　图 2-12　短视频 App 广告

图 2-13　微博广告

图 2-14　QQ 广告

新媒体广告
界面排版

②新媒体广告界面版式

新媒体广告界面的版式设计就是在有限的版面空间上，将文字、图片、符号、动画、按钮等视觉元素进行艺术处理和组合排列，使它们生成具有传播力和影响力的内容并进行传播。从功能上来说，新媒体广告界面可以分为两大类：一类是信息展示型界面，另一类是功能操作型界面。

● 信息展示型界面

信息展示型界面按照其不同特性，主要分为以浏览引导为主、以品牌传递为主、以提高浏览效率为主、以信息展示为主的界面。

以浏览引导为主的界面：由于浏览引导界面以引导用户的视线为主，因此会有一条很明显的引导主线。最适合这种界面的类型为上下分割型、左右分割型、中轴型以及曲线型（图2-15）。

以品牌传递为主的界面：以品牌传递为主的界面需要突出品牌特点，让人的视线集中在品牌形象上，版面设计中满版型、中心型和自由型的布局比较适合这类应用界面（图2-16）。

以提高浏览效率为主的界面：这类界面需要一条非常清晰的主线把大量的信息进行分类，让用户更容易阅读。骨骼型版面设计比较符合这类型的排版方式，它能够对信息进行很好的分类梳理、分区展示，让用户能够快速抓住信息（图2-17）。

以信息展示为主的界面：这类界面最重要的是将信息直观地展示在用户面前，让用户能够快速、直观地获取信息。能够较好满足这类信息的版面设计主要有上下分割型、中轴型、自由型、骨骼型以及对称型（图2-18）。

● 功能操作型界面

功能操作型界面需要用户进行操作，以使用户能够高效地获取他们想要的功能。在版面设计中，比较适合功能操作型界面的版式构成的类型有：水平分割、垂直分割、水平—垂直分割等。

水平分割，强调了水平线的作用，使页面具有安定、平静的感觉，观众的视线在左右移动中捕捉视觉信息，符合人们的视觉习惯。水平分割又分为：水平均匀分割、水平不均匀分割、水平多次分割和水平变化分割。

水平均匀分割是将页面分割成上下相等的两部分。上半部用作视觉表现调动兴趣，下半部用来解释说明（图2-19）。

水平不均匀分割是将页面分割成上下不相等的两部分。一般来说，如果在上半部安置标题或导航，则面积较小，如果在上半部安置图片或主体形象，则面积适当加大（图2-20）。

水平多次分割是将页面沿水平分割成大小不等的几个部分。多次分割有助于不同信息的归类（图2-21）。

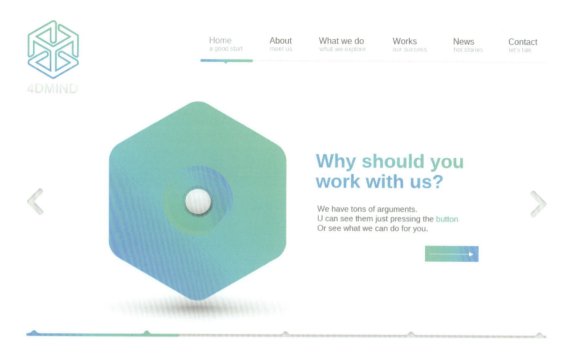

图 2-15　以浏览引导为主的界面设计

图 2-16　以品牌传递为主的界面设计

图 2-17　以提高浏览效率为主的界面设计

图 2-18　以信息展示为主的界面设计

图 2-19　水平均匀分割的界面设计

图 2-20　水平不均匀分割的界面设计

图 2-21　水平多次分割的界面设计

水平变化分割是在分割的基础上进行变化，同时与斜线、弧线相结合，避免了页面的死板，产生运动和速度感（图2-22）。

垂直分割，则强调了垂直线的作用，使页面具有坚硬、理智、冷静和秩序的感觉。垂直分割又分为：垂直均匀分割、垂直不均匀分割、垂直多次分割和垂直变化分割。

垂直均匀分割是把页面分割为左右相等的两部分。当左右两部分形成强弱对比时，会造成视觉心理的不平衡。这时，可将分割线作部分或全部的弱化处理，或在分割处加入其他元素，使左右部分的过渡自然而和谐（图2-23）。

垂直不均匀分割是把页面分割为左右不相等的两部分。左边的视觉注意度较高，因而放置标志、导航信息、主体形象等（图2-24）。

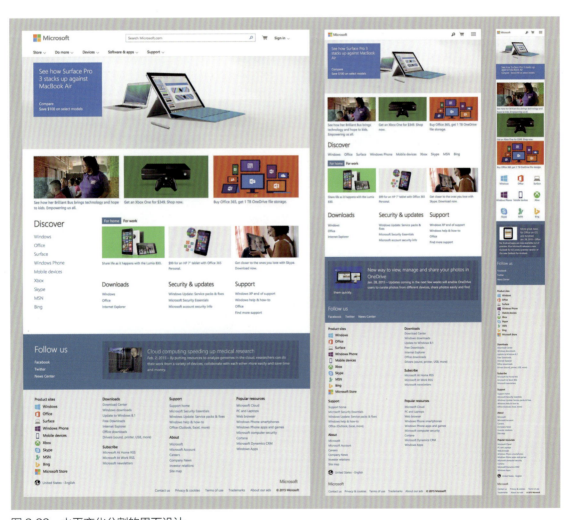

图2-22　水平变化分割的界面设计

图 2-23　垂直均匀分割的界面设计

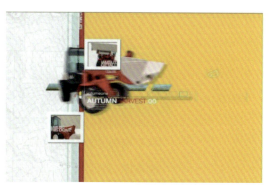

图 2-24　垂直不均匀分割的界面设计

　　垂直多次分割是把页面沿垂直方向分割成大小不等的几部分（图 2-25）。

　　垂直变化分割是将分割进行特异性处理，获得耳目一新的效果（图 2-26）。

　　水平—垂直分割，在页面中将水平与垂直分割交叉使用，其对比关系更强烈，较之单一分割更为丰富、实用、灵活（图 2-27）。

图 2-25　垂直多次分割的界面设计

图 2-26　垂直变化分割的界面设计

图 2-27　水平—垂直分割的界面设计

（3）信息长图的类别与排版

信息长图是近年来在新媒体广告中运用较多的一种类型，这类广告以交互折叠的形式减少信息图长度，通过添加音视频和动画让信息图更加生动，大大拓展了信息图类的应用场景。

①信息长图的类别

信息长图分为折叠信息的信息图、横向滚动信息图、动态信息图和融媒体信息图。

● 折叠信息的信息图

折叠信息的信息图是将长图信息通过交互折叠的方式将大段信息隐藏起来，这种交互形式可以增加内容可读性、趣味性，有助于赋予受众沉浸感、代入感，让受众直观地了解和获取信息（图2-28）。

● 横向滚动信息图

横向滚动信息图是将特定信息图内容进行横向布局的一种类型。这种信息图主要用于需可视化的区域较大的信息内容（图2-29）。

● 动态信息图

动态信息图是在长图信息中加入了动画的元素，动画可以让信息图变得更加生动活泼（图2-30）。

图2-28　折叠信息的信息图设计

图 2-29　横向滚动信息图设计

图 2-30　动态信息图设计

图 2-31　融媒体信息图设计

- 融媒体信息图

融媒体信息图是在静态的信息长图中添加动画、音频、视频等多种媒体形式，进一步丰富和拓展了信息图的形式和应用场景（图 2-31）。

②信息长图的排版方法

- 重复元素的布局

重复是为了让视觉形成统一，可以是对字体、颜色、大小、空间、形式、框架的重复，当然，它并非简单地复制同样的元素，而是按照一定的规律，在页面中产生连续的变化。

- F 形布局

F 形布局是一种十分传统但又非常科学的布局方式。我们看一个页面，通常情况下是先看左上角（如 logo、导航、标题等），然后从左往右看水平方向的内容，再从上往下浏览整个页面，由此便形成一个 F 状的视觉路径。

- Z 形布局

Z 形布局是页面布局中经典的排版方式。当我们浏览一个页面时，眼球会左右移动进行阅读，同时也会从上往下阅读，由此形成一个左右移动的 Z 形路径。

- 卡片式布局

卡片式布局是栅格系统下引申出来的一种布局方式，也叫容器风格设计，是把文字、图片等信息元素集中划分在一个卡片中，通过卡片的累积形成一个完整而又简洁规范的页面，通常用于电商（如淘宝、京东）、平台网站（如站酷、优酷）等信息量大而复杂的页面之中。

（4）H5（HTML5）页面创意与策划

HTML 的英文全称为 Hyper Text Markup Language，中文名称为超文本标记语言，是一种语言标准。HTML5 是对 HTML 标准的第五次修订，简称 H5。H5 的本质是基于 HTML5 语言标准开发的网页。

随着当今互联网技术的发展以及用户需求的不断提高，HTML5 广告作为新媒体的新兴产物，因其低成本、跨时空、便捷、即时的特点得到广告主及用户的青睐。随着移动端硬件的升级，这些特性也得到了进一步凸显。HTML5 广告在未来会被广泛使用，在技术与形式上也会不断更新发展。

HTML5页面
创意与策划

①HTML5广告分类

运营活动类：这类 HTML5 广告是占比最多、最常见的，多运用于电子邀请函、贺卡、小游戏、企业活动等方面，形式新颖且多样化，内容丰富且具有多媒体特性。

宣传品牌类：这类 HTML5 广告页面相当于是一个品牌的微官网，主要是为了塑造品牌的良好形象，让更多用户熟知并了解品牌，向用户传达品牌文化、塑造品牌形象。

介绍产品功能类：这类 HTML5 广告主要是将内容集中在介绍产品的功能属性上，聚焦于产品的卖点及优势，借助 HTML5 多维感官的特性将产品的功能最大程度地传达给用户，让用户熟知产品，激发用户的购买欲望从而产生相应的购买行为。

应用数据类：这类 HTML5 广告是以用户的使用行为数据为基础，具有个性化色彩，例如网易云、QQ 音乐的年度音乐总结、支付宝的年度账单等。用户基于社会因素和心理因素，更愿意将这类 H5 转发至朋友圈。

②HTML5广告的设计要点

● 明确广告主的需求

首先，设计师要明确广告主想发布的网页广告属于哪一类型；其次是了解广告主所投放广告的目标受众群体的具体分类，并以此思考 H5 的方式；最后明确广告主对产品与服务的价值定位需求，这也关系到广告的传播效果。

● 开发合适的互动机制

互动目的是从受众者的角度，思考受众者在情景互动中想要获得的信息或体验需求。互动内容是互动中最为重要的部分，应重点突出受众者最感兴趣和关心的信息，加强互动创意设计的规则性、情节性和趣味性。合理地选择互动的媒介，如以快捷、新颖为目的的互动广告可以选择手机互动广告；在数字电视上比较适合投放咨询式的互动广告；网络上适合投放浮动广告以及文本链接式的互动广告。

● 打造体验式的设计

受众者在互动中所呈现出来的状态就是体验，通过这种体验给受众者留下深刻的印象，由此而产生广告效果。因此，设计者要从受众者的角度出发，围绕情景和氛围进行设计，使其在互动中得到情感体验和感官刺激，同时给受众者足够的产品品质及特性的信息（图2-32）。

图 2-32　H5 页面设计

任务一　微视频大赛标志设计

任务解读

本任务以全国职业院校"传承的力量"微视频大赛标志设计为案例，解析品牌标志设计的全过程。全国职业院校"传承的力量"微视频大赛是由中国职业技术教育学会主办、中国职业技术教育学会高等职业技术教育分会承办的全国性活动。大赛以习近平新时代中国特色社会主义思想为指导，以夯实职业院校师生文化自信基础为目标，推动革命文化、社会主义先进文化和中华优秀传统文化融入职业教育教学活动，培养德智体美劳全面发展的社会主义建设者和接班人，为实现中华民族伟大复兴的中国梦贡献力量。大赛的主题："传民族文化之萃，承中华美德之心。"

任务流程

软件准备：CorelDRAW、Adobe Illustrator。

（1）分析任务，梳理信息

从信息中寻找关键词，如传承、传统文化、视频、比赛等。

（2）绘制草图

从关键词中寻找灵感，找到其中的共性和个性，将文字内容具象化，推出多个方案设想，绘制草图。

（3）确定方案，进行优化

将多个方案进行对比分析，确定最佳设计方案，并进一步优化方案。

（4）制作电脑稿

运用软件将方案进行电脑制作，既要考虑视觉元素的最佳呈现，又要注意制作的规范。

（5）反复打磨，精细调整

对初稿进行反复思考、细化，形成终稿。

（6）完善标志设计信息

如设计理念、标准字体、标准颜色、组合规范等。

参考案例

"酉阳山羊村"标志设计

标志说明

整体外形为红叶，由古寨构成叶子的外轮廓，山羊角构成根茎。山羊古寨：中国少数民族传统村落，当地特色的象征；山羊角：简单直接表明地域，又似一条通往山羊村的道路，寓意古寨欢迎各方来客；红叶：红叶为山羊村特色植物，每年吸引众多游客前往观赏。

创作思路

第一步，查找资料。在设计之前，首先对山羊村进行全面深入的了解。在调查中我们可以得知它拥有独特的地理优势：这是一个野生动物品种繁多，空气清新、森林茂密、林木覆盖率 89.8% 的地方，旅游资源丰富，通过板溪镇政府大力开发打造、村民自发保护，在全市成功塑造出红叶旅游基地品牌、杜鹃花旅游基地品牌及古寨旅游基地品牌，在周边省市形成了品牌效应，吸引了众多游客前来旅游观光。

第二步，要素挖掘。针对酉阳山羊村的前期调查可以得到以下信息：酉阳山羊村，拥有原生态自然环境，充满古朴浓郁的气息，这里少受外界纷扰，民风淳朴，历史文化底蕴深厚。山羊村古寨形成于前清时期，古寨保存良好，在村里处处能看到晚清风格的建筑。在村落里抬头仰望，红叶浸染山峦，如梦如幻；低头俯瞰，层层梯田错落有致，云遮雾绕，从而就有了"桃花源"这样一个理念。

第三步，设计草稿。在设计草稿的过程中，以红叶的外形为基础，又将"山羊角"和古寨聚为一体，可以较好地表现"桃花源"这个理念。

有了设计大形，再进行艺术表现，最终完成标志的图形设计（图2-33）。

图2-33　"酉阳山羊村"标志设计过程图（欧书莉　杜小庆）

酉阳山羊村
LOGO

任务指导

在任务制作过程中，可以扫描二维码，观看任务制作视频，解决任务执行过程中的具体问题。

任务二　网购App界面设计

任务解读

国家工商总局发布的《互联网广告管理暂行办法》（以下简称《办法》），明确要求互联网广告应当具有可识别性，在显著位置标明"广告"，付费搜索广告应当与自然搜索结果明显区分。网红、明星的微博、微信等自媒体发布商业广告，也要显著标明"广告"。要特别注意的是，个人在朋友圈、微博等转发广告也要担责。《办法》将广告主的范围扩大到自然人,包括网络红人、大V等自媒体在内,并强化广告主的第一责任。因此每一位广告人要有社会责任感,要信守广告法规。

本任务是西阳县楠木乡红庄村直销网购 App 界面设计。重庆西阳县楠木乡红庄村,距离西阳县城 58 公里,拥有三面环溪、四面环山的独特景致,古寨、古民居散落其间,更有百年楠木、千亩杜鹃,风景宜人。然而,长期以来,因交通闭塞,这里一直"养在深闺人未识"。2013 年通车后,红庄村打出特色种植、养殖与乡村旅游组合牌,2015 年全村脱贫。红庄村先后被命名为全县"最美土家山寨""重庆民族团结进步示范村""中国少数民族特色村寨"。近年来,红庄村大力发展山地特色效益农业,如红心李、中药材、猕猴桃、香椿、板栗、仙桃等。同时依托楠木庄古寨、千亩野生杜鹃林、莲藕示范基地、楠木号子(国家级非物质文化遗产)等资源,打造集观光、休闲、体验、度假于一体的田园综合体。

根据任务特点,决定采用以信息展示为主的界面设计,将产品信息直观地展示在用户面前,让用户能够更加快速、直观地获取信息。设计中要注意图片侵权问题,尽量使用原创图片(图 2-34)。

任务流程

软件准备:Photoshop、墨刀、135 编辑器、创客贴图片在线制作工具。

(1)制作思维导图

明确 App 界面功能,确定每个页面的内容和功能。红庄村直销网购 App 界面设计主要是对该村的特色农产品进行网络销售和推广,包括土蜂蜜、野生猕猴桃、蜜桃、红心李、板栗、魔芋等。

(2)设计原型图

采用简洁明快的色块或线条,确定每个页面的布局。由于界面以展示产品信息为主,可以选择中轴型的版面设计。

(3)运用软件进行页面的视觉设计

考虑到是乡村农产品,生态环保、绿色健康是产品的基调,因此确定绿色为色彩基调。制作功能性图标,对页面细节进行优化。

(4)放置图片和文字

严格按照 App 页面设计的规范放置图片和文字。

(5)进行交互制作

将设计稿导入墨刀,进行交互制作。

(6)生成二维码

参考案例

红庄村网购 App 界面设计

图 2-34　生鲜食品的直销网购 APP 设计（刘文）

在任务制作过程中，可以扫描二维码，观看任务制作视频，解决任务执行过程中的具体问题。

APP
界面设计

任务三　信息长图设计与制作

任务解读

本任务为于都县红色文化旅游信息长图海报设计。于都县，地处江西省赣州市东部，具有 2 220 多年历史，是土地革命战争时期中央苏区的核心县和巩固的后方基地，是中央红军长征集结出发地，是南方三年游击战争起源地。通过设计创作旅游信息长图，引导更多游客走进乡村，了解乡村，发现乡村之美、红色文化之美（图 2-35）。

任务流程

软件准备：在线绘图工具 Google Slides、Gliffy；图片在线制作工具 Photoshop、创客贴。

（1）明确活动主题，设计线索故事

分析任务要求，进行创意构思。注意故事设计要符合任务特点，设置情境导入，营造氛围感。

（2）收集素材和数据，编辑信息内容

根据创意收集相关素材，进行归纳，撰写文案。

（3）基础构图，快速成型

鲜明的元素组织层次可以让读者快速明白信息图的逻辑，记住信息要点。信息图底部的品牌标志和宣传口号可以使读者加深对品牌的感知。

（4）制作信息图

用 Photoshop 软件绘制插图。插图要和故事内容相吻合，通过视觉效果引导读者去了解更多信息。最后附上企业微信二维码、网站链接等信息。

参考案例

"百雀羚"长图广告

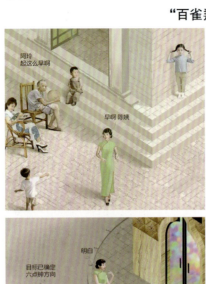

图 2-35　"百雀羚"长图广告

任务指导

在任务制作过程中，可以扫描二维码，观看任务制作视频，解决任务执行过程中的具体问题。

信息长图

任务四　H5 互动广告设计

任务解读

重庆酉阳县板溪镇山羊村全村面积 18.63 平方千米，距板溪镇 15 千米，海拔 800 米，背靠国家级森林公园的清化林场，拥有原生态自然环境，充满古朴浓郁的气息。这里很少受外界纷扰，民风淳朴。近年来，在乡村振兴战略的推动下，山羊村依托文化、生态等优势，大力发展旅游业，推动农旅融合，建成了远近闻名的美丽村庄。

本任务是山羊村的 H5 互动广告设计。完成本次任务，能够熟悉 H5 广告设计流程，掌握 H5 视觉设计的基本方法。同时可以引导学习者关注国家的政策，关心乡村发展，思考创意设计如何助力乡村振兴（图 2-36）。

任务流程

软件准备：Photoshop、Adobe Illustrator、procreate 凡科或易企秀平台。

先构思 H5 广告的主题、内容以及风格，然后运用 Photoshop CC2018 软件设计山羊村的平面广告插画，再运用 H5 制作工具制作出完整的 H5 动效，具体流程如下：

（1）分析广告主题内容

通过对山羊村现状进行调研，发现存在以下几个问题：一是缺乏整体打造；二是没有品牌形象；三是文化内涵挖掘不够。在乡村资源趋于同质化的今天，品牌需要差异化打造，它是解决乡村资源同质化的最佳手段。因此，H5 互动广告的设计可以围绕山羊村的旅游文化、特色农产品来进行宣传推广，在吸引游客的同时促进线上购买行为的产生。

（2）确定广告风格

广告调性：有趣、好玩、诙谐、幽默。

广告定位：以简洁明快的扁平插画风格来展现山羊村的自然风光、传统村寨和特色农产品。

广告诉求：主打追求自然、回归自然、向往世外桃源的情感诉求，将故事融入广告设计中，增加互动类广告的趣味性和参与性。

目标人群：游客、学生、喜欢绿色环保土特产的消费者等。

（3）绘制平面插画

确定创意，撰写文案。撰写故事文案，以"找一找"寻宝闯关的游戏方式进行表现。

根据故事内容，确定画面篇幅。确定使用的 H5 排版网页，根据其排版方式确定用哪些软件，保存什么格式的单独文件。

收集素材，绘制线稿。通过参考 H5 网站作品，同时梳理山羊村的图片资料，进行创作。在 Photoshop 里绘出第一版草稿，进行线条描绘。

绘制色稿，形成 720° 全景插画。利用 Adobe Illustrator 进行勾线上色。

（4）制作动态效果

动态效果分两部分：一部分为背景图，储存格式为 JPG；一部分为单个部件（动图，作为点击的工具）。

背景图全程用 Adobe Illustrator 制作，GIF 由 procreate 先绘画出物体整体构成，再转至 Photoshop 进行一帧一帧的动作更改组成动图。

进行 H5 排版。先上传背景图，然后上传单独的 GIF。制作首页、弹窗、弹幕等，最后改变 H5 的信息设置，配上背景音乐。注意：交互的可实施性、操作的便捷性、场景转换的自然流畅性。

（5）生成二维码，平台发布推广

参考案例

江湖小龙虾馆 H5 广告

图 2-36 江湖小龙虾馆 H5 广告主要制作步骤（聂耕宇）

任务指导

在任务制作过程中，可以扫描二维码，观看任务制作视频，解决任务执行过程中的具体问题。

酉阳山羊村
H5

模块三 | 电商界面策划与设计

模块解读

项目说明

　　本模块旨在探讨电商界面优化方法，提升用户体验和转化率，涵盖电商主图文案策划设计、详情页文案策划与设计、小程序界面设计及分销海报设计。我们将分析如何通过吸引力的视觉元素和有效文案传达产品信息，确保用户在了解商品价格、性能、评价等方面的信息时，获得清晰、准确的指引。同时，探讨如何在有限空间内展示产品信息，提供便捷购物体验，以及通过创意海报吸引用户关注，提高品牌知名度和传播力。本章节旨在帮助读者深入了解电商界面设计的重要性，掌握优化电商界面的方法和技巧，从而提高电商平台的转化率和用户满意度（图3-1）。

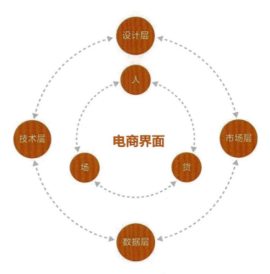

图 3-1　电商界面逻辑关系

项目目标

- 掌握电商文案策划的基本逻辑
- 掌握电商海报设计的技巧
- 掌握电商详情页策划和设计的方法
- 掌握小程序电商界面设计逻辑和方法

知识补充

（1）电商文案策划

①优秀电商文案的四个组成部分

想要快速写出一篇优秀的文案，是有规律可循的。一般来讲，一篇优秀的文案至少需要包括四个部分：

说什么（what）。通俗来说就是文案内容，这一点理解起来很简单，就是将所要表达的内容完整、准确地展示出来。

对谁说（who）。文案的作用就是将商家、产品信息传达给消费者。因此，在文案撰写前，策划者需要明确目标群体，即写给什么人看，这点非常重要，受众群体是文案得到关注和扩散的基础。

如何说（how）。即通过什么方式去表达。文案有很多种表达方式，策划人员需要结合目标群体、产品类型，以及自身优势选择最合适的方式，让文案内容能最大限度展现产品并符合目标群体需求。

何地说（where）。即在什么样的媒介载体上投放。电商文案常常出现在网店及微信、微博、论坛等自媒体平台上。由于平台的定位不同，平台的受众群体也不同，因而不能千篇一律地投放。要根据平台特点，科学地、有针对性地进行选择。只有选择合适的载体，文案的宣传效果才能达到最佳。

②电商文案创意策划与写作要求

文案创意与策划工作的关键在于创意，如果没有创意，写出来的文案很有可能就无人问津，起不到宣传、推广的效果。

●提炼卖点，突出优势

对产品卖点提炼的过程，其实就是归纳、总结产品优势的过程，只有将产品优势最大限度地凸显出来，才能促使消费者对产品有清晰的认识，产生购买决策。

●用词精准，表达生动

做出有创意的文案，只有点子是不够的，还需要通过恰当的修辞、合理的表达将其呈现出来。一个优秀的文案人员会灵活利用文字，在产品与买家之间架起沟通的桥梁，通过这座桥梁使产品走进买家的内心，引起买家的强烈共鸣。

●简明扼要，通俗易懂

用最快的方式、最直接的语言传递一个完整信息，是电商时代下广告文案的创作要点，因此，文案不应过于深奥和晦涩，而应简明扼要、通俗易懂。

●结构完整，一气呵成

文案结构要完整，每一句话之间要有一定的逻辑关系，主次鲜明，重点突出，这样才能表达顺畅、一气呵成。

（2）电商海报设计

①海报的基本构成

电商海报通常由文案、产品图片、装饰性元素、背景等构成，常见文案结构包括主标题、副标题、描述性文案等。常见的文案形式：主标题→副标题→描述性文案；辅标→主标题→副标题→描述性文案；主标题→描述性文案。

描述性文案通常是做细节的解释，文字偏多，主副标题通常是产品卖点的提炼，文字较少。

②文案排版

常用字体：黑体、宋体、书法体、综艺体、手写体、娃娃体、隶书、琥珀体等。

字体对比形式：大小对比、疏密对比、颜色对比、形状对比、粗细对比、材质对比、虚实对比、前后对比。

字间距和行间距：字间距描述常规设置 0，标题字体越大间距越紧密，行间距常规半个字高度，行数过多可适当拉高到 1 个字的高度。

字体对齐方式：文案编排的引导顺序是符合现代人阅读习惯的，通常从左到右、从上到下，左对齐是最符合现代人阅读习惯的方式，禁止多种对齐方式同处一面。

③色彩搭配

根据 VI 选定主辅色：VI 即企业 VI 视觉设计，通称为视觉识别系统。包括企业名称、企业标志、企业标准字、标准色彩、象征图案、组合应用和企业标语口号等。那么所谓标准色彩就是固定的，所以可以直接沿用 VI 系统的标准色彩进行海报设计。

根据产品选定主辅色：通常我们在设计产品海报或者活动海报时，可以从产品本身的色彩或者包装的色彩，甚至一些延伸物的色彩去考虑色彩的搭配。

根据主题选定主辅色：比如你正在做的是春季的主题页面（海报），这就是某个主题，也可以主题的关键词进行联想，确定使用什么样的色彩。

（3）电商详情页设计常见误区

很多人做不好详情页并不是因为不会做，而是走进了很多误区，最终导致作品不尽如人意，那么在详情页设计中常见的误区有三方面：

误区一，用电脑端的设计思维做详情页设计，这种现象是极其常见的。这意味着，设计者只兼顾 PC 端，而忽略手机端，要知道现在电商流量 95% 来自移动端，电脑端设计思维在电商详情页制作中是不通用的。

误区二，只追求效果而忽略了最基本的信息传达，详情页的目的在于向用户诠释产品的特性、亮点、功能，是向用户传达要表达的产品信息，使得用户能够充分了解产品特征、优点、亮点，从而促进交易，而不是一味地只追求视觉效果而忽略信息传递。

误区三，文案、产品、功能、视觉不能做到很多的串联，也就是俗话说的驴头不对马嘴，不能将这四点很好地结合在一起。

（4）微信小程序界面设计基础

小程序设计时需遵守小程序的规范，同时要保持小程序界面设计与应用软件风格的统一性。在设计过程中主要注意以下几点：

①小程序设计区域

小程序所有界面右上角的位置，都固定放置了小程序的菜单，在设计界面时需预留出该区域空间。

②导航条设计

小程序菜单样式：微信提供了深浅两种配色样式，以便更好地融合到各种风格的页面中，需注意保持小程序菜单清晰的辨识度。

交互注意事项：如果要在小程序菜单附近放置交互元素，要考虑是否有交互冲突，应尽量避免误触的可能。

③工具栏设计

小程序设计规范：顶部标签分页栏颜色可自定义，一般会沿用应用软件的设计风格，以保证两个平台的视觉统一性。

常见的几种表现形式：顶部标签分页栏颜色可自定义，一般会沿用应用软件的设计风格，以保证两个平台的视觉统一性。

④标签栏设计

小程序设计规范：微信有提供小程序的底部标签样式，建议标签数量在2~4个适宜，也可根据产品需要选择或者去掉底部标签栏功能（图3-2）。

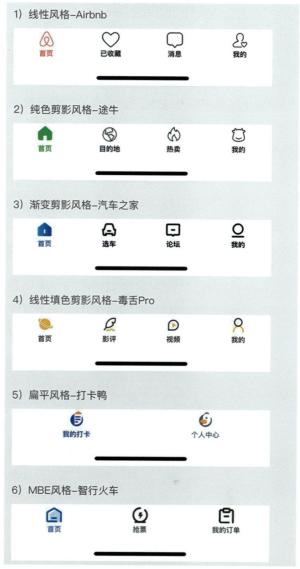

图3-2　标签栏常见的几种表现形式

⑤启动页设计

启动页除标志外，其他元素都由微信统一提供，并且不能更改，设计师需要提供 2 倍和 3 倍尺寸的标志即可。

⑥常用的加载样式

需告知用户具体加载的进程，以减轻用户等待的焦虑情绪。

任务一　电商主图文案策划与设计

任务解读

通过设计吸引人的电商主图和撰写有力的文案来提高商品的点击率和转化率，这将通过市场研究、竞品分析、深入理解商品特性、设计主图、撰写 SEO 友好的文案，以及后续的数据分析和优化来实现（图 3-3）。

任务流程

软件准备：Photoshop 2020、思维导图软件（Xmind、MindMaster）。

（1）了解平台环境

我们可以通过在电商平台搜索商品的排名，查看销量领先、不同价位的产品，深入了解同类产品主图设计现状，找到差异化视觉营销的突破点。

（2）理解文案

理解文案是为了保证设计的作品不脱离主题，其目的是找到灵感和入手点。

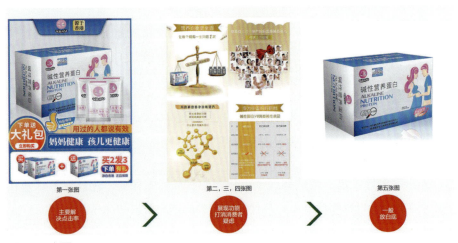

图 3-3　主图

（3）分析产品

通过了解产品构成、产品功能、产品调性等来分析产品，最终确定制作思路。

（4）找到适合产品的入手点

低价产品入手点：价格、活动力度等。

中端产品入手点：品质、销量、效果、差异化等。

大牌产品入手点：品牌形象，如代言人、LOGO、IP 等。

（5）主图内容策划

在过去，主图内容主要是实拍产品通过多角度展示产品，放大产品细节等方式。优点：产品展示细致，适用于服装、家具、饰品类目等；缺点：单调、缺乏营销逻辑、转化率低。

现在，主图内容优化，主图详情页化，把详情页中的内容直接做到主图里面，如产品实拍、产品活动、产品参数、风险承诺、功能功效、证书认证、工艺细节、品牌实力等。

（6）主图设计制作

思路一：关联元素。

我们可以通过了解与产品相关联的元素来设计海报，比如这个案例里跟鱼竿相关联的元素有海水、鱼、户外、鱼线、波浪、山等（图3-4）。

思路二：产品构成。

我们可以从产品构成的成分角度来设计这款海报，比如红豆薏米粉这个案例，可以融入红豆、植物纤维、薏米等元素，同时与产品文案形成呼应，更加直观表现产品的成分（图3-5）。

思路三：产品功能。

通过产品功能来设计这款产品海报（图3-6）。

图 3-4　关联元素

图 3-5　产品构成

图 3-6　产品功能

图 3-7　产品调性

　　思路四：产品调性。

　　通过产品调性来设计海报。例如，这款女装风格是古代风格的调性，海报通过融入中国风或者古风元素来表现（图 3-7）。

（7）效果测试

　　我们可以把电商平台搜索结果截图，然后将设计好的主图放到截图上进行比较，观察是否有差异化的视觉效果，还可以通过主图点击率、排名等数据分析进行效果测试。

在任务制作过程中，可以扫描二维码，观看任务制作视频，解决任务执行过程中的具体问题。

电商主图文案
策划与设计

任务二　详情页文案策划与设计

任务解读

在商品详情页设计过程中，设计师需要扮演多个角色，如产品、研发、陈列、运营、导购和客服等。通过全面的产品解读、多样的设计手段和丰富的营销策略，设计师需要传达品牌态度、展示产品属性并激发用户购买欲望。由于不同用户对同一产品的关注点可能不同，甚至同一用户在不同时间段对同一产品的关注点也可能有所不同，设计师需要敏锐地洞察并灵活应对，使商品详情页能在更短的时间内快速吸引不同用户的注意力。

任务流程

软件准备：Photoshop 2020、思维导图软件（Xmind、MindMaster）。

项目说明	详情页文案策划与设计
项目要求	根据实训教师给出的具体场景、文档和要求，完成详情页策划和设计
项目执行软件	Photoshop
项目制作细节方向指引	见下方内容

（1）熟悉产品并提炼卖点

了解产品的基本属性、优缺点，以便更好地理解产品并提炼卖点，进一步优化设计内容。

（2）竞品分析

分析同类目销量较高的页面，找到它们展示内容的层级关系和文案表现，总结并应用于自己的设计中。

（3）分析用户群体并挖掘痛点

了解不同产品的用途和消费者需求，解决他们的疑问和隐忧，从而最大限度地促进消费者产生购买意愿。

（4）划分层级并搭建框架

在落实视觉细节前，框架可以帮助设计师判断展示内容的层级次序，防止后期难以修改，奠定设计方向。

（5）确定风格并规范标准

根据框架，为不同文案分配相应的字号、字体和颜色等。参考其他设计，确定大致的风格。

（6）执行设计

按照框架划分的层级，将文案和产品置入相应的位置，优先设计主视觉。主视觉对于详情页非常重要，它决定了页面风格和色调，影响用户的停留和退出。在规范内进行细节调整。

下面介绍详情页成交逻辑五部曲。五部曲是根据消费者递进的心理需求来决定的，常常应用于线下超市购物路线中。

结合五部曲，详情页可以通过精心设计一步一步引导卖家，实现从产品认知到产品购买的全过程（图3-8）。

详情页主要由以下几个模块构成：产品整体图片；细节图片；产品介绍；售后服务；交易条款；联系方式。

图3-8　详情页成交逻辑五部曲

详情页文案
策划与设计

任务指导

在任务制作过程中，可以扫描二维码，观看任务制作视频，解决任务执行过程中的具体问题。

任务三　小程序界面设计

任务解读

在构建小程序电商详情页时，我们需要精心设计和优化各个关键元素以提

图 3-9　详情页模块构成

升用户体验和转化率。首先，详情页主图是用户对产品的第一认知，它需要清晰、吸引人，准确地展示产品的特性，帮助用户快速理解产品。其次，价格和优惠券的设计是促销转化的关键，我们需要突出显示产品的价格和优惠力度，以吸引用户购买。此外，运营标签的设计可以增加用户对产品的信任度，提高他们的购买意愿。最后，购物车和购买按钮的设计应该醒目且易于操作，使用户能够方便快捷地进行购买。总的来说，通过优化主图、价格和优惠券、运营标签以及购物车和购买按钮的设计，我们可以提升小程序电商详情页的用户体验和转化率（图 3-9）。

任务流程

软件准备：Photoshop 2020、思维导图软件（Xmind、MindMaster）。

（1）小程序详情页头图设计

用户线上购买痛点：看不见、摸不着，产生距离感，无法体验产品。那如何提升用户购物体验呢？我们可以通过详情页头图尽可能地模拟线下购物场景。

头图设计是通过清晰、高质量的产品图片和精心设计的促销条，塑造空间感、突出商品主体，同时模拟线下场景运营以增强用户的参与感，其中促销条包含价格信息、参与人数、所属活动和活动倒计时，以全方位提升用户浏览体验并促进销售，整体色调需符合产品调性和页面设计，以确保视觉的统一和协调（图 3-10、图 3-11）。

（2）文案排版设计

文案排版设计主要包括三个关键要素：文字层级的设计要点、运营标签的应用，以及用户生成内容的整合。

图 3-10　头图设计要点

图 3-11　线上促销条

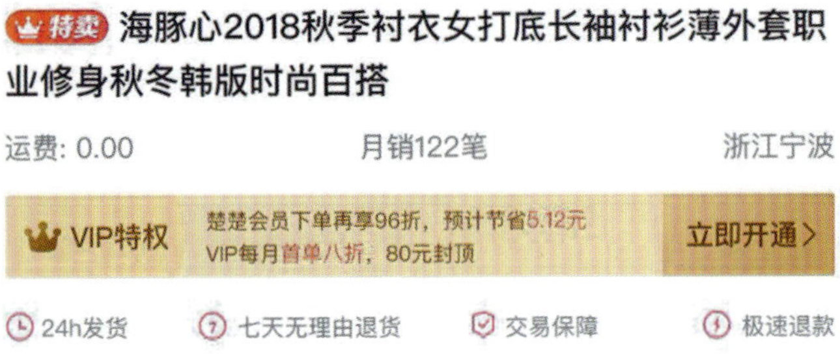

海豚心2018秋季衬衣女打底长袖衬衫薄外套职业修身秋冬韩版时尚百搭

运费: 0.00　　　　　　　　月销122笔　　　　　　　　浙江宁波

VIP特权　楚楚会员下单再享96折，预计节省5.12元　立即开通 ＞
　　　　　VIP每月首单八折，80元封顶

24h发货　　　七天无理由退货　　　交易保障　　　极速退款

图 3-12　文字层级

①文字层级

文字层级是通过调整文字的大小、粗细、颜色、间距（呼吸感）和字体包等元素，以突出信息的重要性和层次感，引导读者的阅读顺序，从而提高设计的整体效果。这种方法有助于维护品牌形象，增强设计的一致性和协调性，同时使信息更易阅读，减轻读者的视觉负担（图 3-12）。

②运营标签

运营标签是组织计划并在每个商店部分显示产品徽章的完美解决方案，特别是在促销或季节性活动中，可以为特定的商品推广并对其进行折扣（图 3-13、图 3-14）。

享|退货运费险 天猫春品 天猫APP精选

【秋日新香】祖玛珑虞美人与大麦香水
30/100ml 重磅新品绚丽上市

面性　　　　　线面　　　　　线性

快速: 0.00　　　　　月销559　　　　　浙江嘉兴　　　推荐　　　自营　　　超值优惠

图 3-13　运营标签　　　　　　　　　　图 3-14　运营文字标签

淘宝　　　　　　　　　　京东

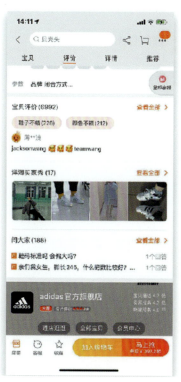 

图 3-15　不同平台评论区

③用户生成内容

用户生成的内容，包括评价和问答，是新用户购买决策的重要参考。这些内容不仅展示了用户的真实反馈，还提炼出了商品的卖点，同时也在用户之间建立了信任关系。用户评价的结构包括数据统计、卖点提炼、用户评价和用户问答等部分。在设计用户评价的文字层级时，我们需要注意各个元素的细节，以确保信息的清晰度和易读性（图3-15—图3-17）。

（3）吸底按钮

在购物App的详情页设计底部按钮时，我们需要遵循几个关键原则以提升用户体验。首先，按钮应该简洁明了，用户一看就能理解点击后的操作结果，例如，"加入购物车"或"立即购买"。其次，按钮需要在页面上突出显示，其颜色和设计应与页面其他部分形成对比，这样用户能够轻松找到。最后，我们需要考虑按钮的大小和位置。按钮的大小应足够大，使用户可以轻松点击，但又不会占用过多的屏幕空间。同时，按钮的位置应易于触达，通常位于屏幕底部，这样用户无需调整握持手机的方式就能轻松点击。这些设计原则都是以提供简单、直观且高效的用户体验为目标（图3-18）。

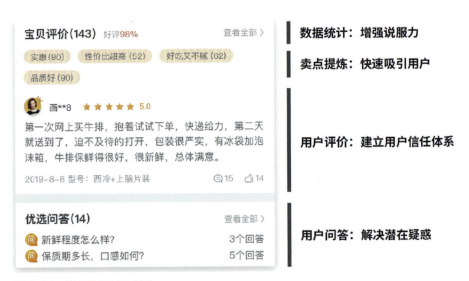

图3-16 常见的评论区结构

图 3-17　评论区文字层级结构

图 3-18　吸底按钮

任务指导

在任务制作过程中，可以扫描二维码，观看任务制作视频，解决任务执行过程中的具体问题。

小程序界面
设计

任务四　分销海报设计

任务解读

分销海报与普通海报不同之处在于分销海报是为了裂变传播，增长粉丝。即通过用户裂变式地传播增长新用户。当我们去做分销裂变海报时，宗旨是让用户愿意转发，获得社交谈资，这才是合格的分销海报。

任务流程

软件准备：Photoshop 2020、思维导图软件（Xmind、MindMaster）。

（1）确定目标用户身份感

首先，我们需要确定用户的身份，这将影响广告语和整体设计。我们可以通过口语化的语态来体现用户的身份标识。

（2）设计主标题和副标题

主标题需要将用户需要付出的成本和用户的收益用最精练的口语方式表达出来。副标题则需要在用户打开海报的前三秒钟内，让他们知道我们要做什么，他们能收获什么。

（3）内容设计

内容设计需要围绕产品属性和用户痛点，展示现实情况和使用产品后的"理想状态"。产品就是连接现实和理想之间的桥梁。需要从产品属性、产品价值、用户利益和价值观四个方向进行思考。

（4）建立信赖感

在信息爆炸的环境下，用户只相信有权威机构背书的信息。因此，我们需要在海报设计中强调专家、官方对促销活动的支持，以增强用户的信赖感。

（5）设置价格锚点/紧促感/短期利益

价格锚点是产品价格的对比标杆，可以帮助塑造用户对产品价格的认知。同时，我们还需要通过设置紧促感和短期利益来刺激用户的购买欲望。

（6）审查和反馈

完成初步设计后，寻求同事或目标用户的反馈，他们可能会提供有关设计、颜色、字体或信息清晰度的有价值的反馈。

（7）进行必要的修改

根据反馈进行必要的修改，包括调整布局、更改颜色或字体，或者重新编写文本。

（8）最后审查和打印

在打印或发布海报之前，进行最后的审查，确保所有的文本都是准确的，所有的图像都是清晰的，且没有拼写或语法错误。

任务指导

在任务制作过程中，可以扫描二维码，观看任务制作视频，解决任务执行过程中的具体问题。

分销海报
设计

模块四｜商业短视频拍摄及剪辑技巧

模块解读

项目说明

近年各大短视频平台强势崛起，几乎成为所有流量的主要聚集地。什么是短视频？短视频的特征、类型是什么？如何做好短视频的内容策划？怎样才能拍摄、剪辑出画面精致、视觉体验高的短视频？这些都是短视频运营者必须掌握的内容。

本模块将对短视频定位、内容规划、脚本创作、制作技术、后期编辑、引流等方面展开全流程的介绍，深入分析短视频营销的操作流程、创作短视频的方式和技能。

项目目标

- 掌握短视频内容策划的方法
- 掌握短视频运营的方法
- 掌握短视频脚本撰写方法
- 掌握短视频拍摄的理论知识、拍摄方法和技能技巧
- 掌握短视频后期处理技巧与软件相应技能

知识补充

（1）短视频内容策划

短视频发展至今，用户对其的质量要求不断提升，在短视频的选题、内容的搭建、如何才能够不断吸引用户等方面，成为众多短视频运营者思考的关键问题。

①短视频的选题

当下信息海量传播，短视频的创作者除从自身感兴趣的范围考虑选题外，还应遵循一定的选题原则，包括注重选题的价值与创意、注重选题的专业性与用户体验、深挖社会热点、弘扬积极向上的价值观等。

选题还可以从人物、工具、需求、方法、环境这五个因素出发，层层分析，制作可供选择的选题逻辑框架（图 4-1）。

②短视频内容构思的方法

借鉴：是指短视频创作者在发现一些操作性强且传播效果好的素材、视频，

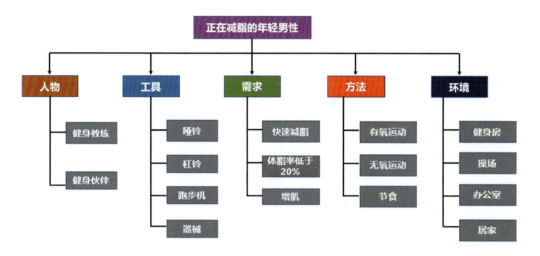

图 4-1　选题逻辑框架

在不涉及版权和相关法律法规时，可以在一定程度上将这些素材借鉴到自己的作品中，进行二次创作。

代入：即创作者可以根据自己的账号定位、专业知识、内容表现来搭建一个适合自己长期拍摄的固定环境、场景，再根据每次创作的视频内容，不断地在场景中代入不同的道具、元素进行替换、填充。

场景扩展：场景扩展这种方式是以目标用户群体为中心，围绕这个群体来思考他们的需求、兴趣、关注的话题等。

（2）短视频的运营定位

①短视频运营内容定位

短视频营销作为新兴的职业，也属于新媒体经营和网络营销系统下的分支。短视频营销的工作主要分为四个方面：内容规划、用户运营、渠道宣传和数据分析。

②短视频用户需求定位

短视频本质上提供了一种更高效创意的视觉化表达工具。以抖音为例，明确短视频用户需求，需要从以下三个部分着手：行业背景、产品定位、内容分发。

行业背景：互联网改变了传统媒体传播的方式、效率、盈利模式。而这种传播变革可以总结成三点：行业背景的变化带来人和内容的交互多样化、内容传播效率提升、盈利方式延伸（图 4-2）。

产品定位：视频平台是连接人和视频内容的载体，这种连接的关系沉淀下来就形成了平台的文化，也就决定了产品在市场上差异化定位。内容平台如何平衡内容供求端用户的需求和内容供给端的冲突？只有了解了他们之间的角色、需求、矛盾冲突等，才能理解平台用什么策略平衡这些关系。

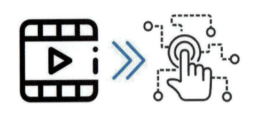 

短视频带来的变革　　人和内容的交互多样化　内容传播效率提升　　盈利方式延伸

➤ 图文、问答、小说　　　➤ 创作者和消费者双向互动　➤ 内容连接衣食住行场景
➤ 长/中/短视频
➤ 音频
➤ 直播、VR、AR
......

图 4-2　行业变革带来的三点变化

产品定位 = 用户群需求 + 内容调性的差异化

内容分发：提升内容分发适配性和体验是内容触达用户时最重要的目标。从短视频运营的角度，需要思考：消费场景、消费动机、用户需求和产品功能的契合。

③短视频内容类型定位

歌舞类：歌舞类的视频，在平台一直是热门内容。如风靡一时的"拍灰舞""海草舞""手势舞"等，受到了年轻人的欢迎与模仿。

动物类：短视频内容定位中，动物类深受大家喜爱。

旅行类：旅行视频可以看作各短视频平台上的清流，用户通过短视频满足自己不能外出游玩的缺憾。

搞笑类：搞笑类的抖音短视频一般包括有剧情和无情节两类。

④同类别短视频竞争性定位

目前，中国短视频其实早已进入了"百团大战"的竞争态势，最严峻的现实问题是短视频内容的同质化。所谓的竞争性定位，指的是根据商品在目标消费者心目中相对于竞争商品来说处于何种地位。

搜集同类短视频的相关数据：由于是竞争性定位，品牌方可以经过剖析同类短视频防止走弯路，提前构建起一套属于自己的视频内容制作模板。

确立短视频分析维度：获取了相关数据以后就需要进行统计分析，从而建立起短视频分析的维度。通常，短视频的分析维度方法包括确立目标、搜集信息材料、选择观点、解释概念。

任务一　短视频脚本策划与撰写

任务解读

　　怎么样才能够创造出有内涵、有深度，并且可以得到大批用户关注的短视频，这是每一位短视频内容创造者都必须考虑的问题。脚本是视频拍摄的依据，它为效率和结果服务，通过设计短视频脚本，创作出反转、反差或令人疑惑的情节，引起用户的兴趣，进而提升短视频内容的质量，在其他短视频中脱颖而出，获得更多用户的关注。

　　脚本设计技巧：

①借助热点

　　热点通常自带话题和流量，当短视频与热点结合时，其传播效果可能会得到大幅度的提升。短视频领域的热点通常分为两大类：常规热点和突发热点。

类型	含义	特征
常规热点	指一般规划好的事情，属于可预见的范畴。例如法定节假日、大型的文艺演出、热门影视剧等。	1. 全民可提前知晓，受广大群众关注； 2. 一般具有较强的规律性、时效性，可提前规划。
突发热点	指无法预料，突发性的事件，并引起大范围的社会关注。例如自然灾害、疫情、公众人物的社会事件等。	1. 对一般群体来说无征兆，突发性对于创作者来说要第一时间抓住热点； 2. 引发极高的关注度，所以会有极高的流量。

②加强互动性

　　如果短视频缺乏互动，就会失去用户流量。常见加强互动的手段包括在标题里进行预热和提问、在短视频中预设评论。

③挖掘用户痛点

　　挖掘用户的痛点有三个技巧。首先，撰写脚本时可以将抽象概念拆分成具象目标，用细化的内容来展示。其次，抓取用户心中潜藏的某类负面情绪但又不能过于沉重，整体要传递积极向上的信念。最后可以分析用户评论，找到用户高强度痛点。

④使用原创内容

　　虽然撰写原创内容比较消耗时间，但原创内容的价值是其他同质化内容无法比拟的。总的来说有三个好处：容易被平台推荐给用户、创建品牌效应、获取高权重流量。

任务流程

软件准备：Microsoft office 办公软件、谷歌浏览器。

（1）确认短视频脚本类型

短视频脚本通常包括提纲脚本、分镜头脚本两种类别，适合于各种各样的短视频创作。

提纲脚本：拍摄提纲涵盖短视频内容的各个拍摄要点，通常包括对选题、视角、题材形式、风格、画面和节奏的阐述（图 4-3）。

提纲要点	提纲内容	
女主人公 + 相关人物	街道 + 画师 + 灯光师 + 男服务员 + 场景	1. 男、女主人公表情与背景 2. 画面要求双切镜头展现，多画面展现 3. 屏幕上有文字体现
男主人公 + 相关道具	车 + 床上 + 街道 + 开会 + 陪家人吃饭	
（需要拍摄素材）		

图 4-3　提纲脚本模板

分镜头脚本：短视频的分镜头脚本大多是以文本的表现形式，一般分镜头脚本的主要具体内容分为镜号、景别、运镜方法、秒长、画面内容、旁白、音效和机位等（图 4-4）。

手机短视频拍摄脚本通用模板									
项目	画面内容	景别	分镜画面	运镜方式	取景角度 / 机位	画面旁白	拍摄地点	画面时长	背景乐
画面 1	风景	远景	同一场景另一景别补充画面	推进	低机位平视		…	5秒	建议提前找到会话
画面 2	人物互动	中景	补充另一景别画面	横移	高机位俯拍		…	3秒	
画面 3	人物动作	近景	补充另一景别画面	固定机位	平视		…	7秒	
画面 4	城市街景	特写	补充另一景别画面	环绕	平视		…	4秒	

图 4-4　分镜头脚本通用模板

（2）确认短视频脚本撰写思路

在编写短视剧本前，一般必须明确整个思想与过程，主要包括三方面：主题定位：短视频的内容的主题；框架搭建：搭建讲述故事的逻辑、顺序，明确各部分核心内容；故事细节填充：以小见大，增加对用户的代入感。

（3）确认短视频脚本模板

对大多数短视频新手来说，直接利用一些常见的脚本模板来撰写自己的短视频内容脚本是不错的选择。

设计短视频脚本只是创作者应具备的基本技能，如果要想短视频内容更胜一筹，还需要在撰写脚本时使用一些技巧。

短视频脚本
策划与撰写

任务指导

在任务制作过程中，可以扫描二维码，观看视频，解决具体问题。

任务二 视频拍摄的提升技巧

任务解读

视频的主要构成包括图像和声音两大方面。视频画面能否符合大众审美，关键在于摄影师的镜头表达。摄影师对画面视听语言的了解、对设备操控的基本技能决定着画面质量。所以对于短视频创作者来说，在视频拍摄时，不仅要选择合适的拍摄设备，还要掌握对于视频拍摄常用的技巧，以及正确的设备设置和拍摄方法。

任务流程

软件准备：智能手机一部、Filmic pro App。

（1）选择拍摄设备

短视频在具体拍摄过程中，首先就是要选择合适的拍摄设备，包含手机、单反相机、摄像机、无人机等。

在选择拍摄设备时，考虑到成本和便捷的因素，对于新的学习者来说，使用手机作为拍摄设备是最具有性价比的。前期准备工作的具体操作步骤如下：

● 使用前打开手机的飞行模式并退出手机正在运行的所有 App。

● 给手机充电，确保足够电量，并准备一个有充足电量移动电源。

● 查看手机的存储空间是否充足，一般使用手机拍摄视频会占用手机大量空间要让手机至少保持 10 个 G 的存储空间。如果空间较少就需要对手机进行一次"瘦身"。

（2）确定尺寸和格式

短视频画面若模糊不清，那么即使再有创意，也会严重影响用户的观看体验，所以需要通过设置合适的尺寸和格式来保证画面的质量。

尺寸：视频中的尺寸一般用清晰度来表达，而清晰度即指显示屏图像的精细度，具体指显示屏上所能呈现的图像的数量，通常用像素点的数量来表示（图4-5）。

格式：视频格式种类繁多，比较常见的包括 AVI、WMV、MKV、MOV、MP4、RMVB、MPG 和 FLV 等。不同的拍摄设备格式也存在差异，所以需要转换成短视频平台所支持的格式。

分辨率	屏幕比例	标准
800像素×600像素	4:3	SVGA
1024像素×768像素	4:3	XGA
1366像素×768像素	16:9	HD
1280像素×800像素	16:10	WXGA
1600像素×1200像素	4:3	WUXGA
1920像素×1080像素	16:9	FHV（1080P）
1280像素×720像素	16:9	FHV（720P）
2560像素×1440像素	16:9	2KWQHD
3840像素×2160像素	16:9	UHD
4096像素×2160像素	约17:9	4KUHD
5120像素×2880像素	16:9	5KUHD
6016像素×3384像素	16:9	6KUHD
7680像素×4320像素	16:9	8KUHD

图4-5 常见的视频尺寸

（3）确定景别

景别是视听语言中的一种，可以经由摄像设备所拍摄出来的画面看出拍摄者的意图，大致有远景、全貌、中景、近景、特写等五个重要类型。

（4）设计转场

构成短视频的最小单元就是镜头，由若干个镜头结合在一起所构成的镜头顺序叫作段落，而各个片段又都拥有相对独立和完整的内涵，不同的片段之间或者场景间的转换或连接，又被叫作转场。转场一般可以分成技巧剪接和无技巧剪接两个类别。

①技巧剪接

技巧剪接是指运用一种光学技能，来完成时间的流逝或位置的转换。在短视频拍摄中比较常用主要有淡入、淡出、化、叠和划等。

②无技巧剪接

无技巧剪接是指没有光学技法而进行转换视频片段，通常都是以前后摄影机之间在内涵及含义上的相似性为依据，例如动作、声音、具体内容和心理内容的相似性等。

（5）布置灯光

从摄像的专业知识来讲，拍摄一个优质的短视频不仅依靠拍摄技术和技巧，还需要依靠灯光的布置。

①常见光源及布光

包含主光源、辅助光源、背光、侧光、反光板、实用光源。

②布光技巧

在大多数短视频拍摄过程中，需要熟悉一些布光的技巧来增强拍摄中的光线效果。短视频拍摄中可以应用电影中常用的布光手法，即首先用暖光作为拍摄主光源，然后把背景设置成冷色，最后将摄像机设置成低色温模式进行拍摄。

（6）确认构图方式

构图可以理解为通过在正确的位置添加各种视觉元素，突出视频拍摄的重点。

中心构图：是将拍摄的主体放在视频画面正中央，以获得突出主体的效果（图 4-6）。

黄金分割构图：把拍摄的主体放置在黄金分割点上（图 4-7）。

对称构图：是指拍摄的作品主体或图像人物放置在正中直角线两侧（图 4-8）。

对角线构图：是运用对角线展开的结构形式，把作品主体布置在对角线上（图 4-9）。

引导线构图：即是在视频场景中形成引线，并串联起视频主题和相关背景元素（图 4-10）。

辐射构图：是指以拍摄主题为核心，将景物向四周延伸或放射的构图方法（图 4-11）。

图 4-6　中心构图　　　　　图 4-7　黄金分割构图　　　　　图 4-8　对称构图

图 4-9　对角线构图　　　　　图 4-10　引导线构图　　图 4-11　辐射构图

任务指导

　　在任务制作过程中，可以扫描二维码，观看任务制作视频，解决任务执行过程中的具体问题。

短视频拍摄
的提升技巧

任务三　PC 端 Premiere 短视频剪辑

任务解读

　　Premiere 简称为 PR，是一个专业的视频剪辑工具。对短视频达人和团队来说，Premiere 是很好的选择。本任务将使用 Premiere 来剪辑短视频。主要的操作方式包括通过进点和出点导入以及剪辑音频素材、插入字幕、加入背景、插入转场效果、导出短视频等。

任务流程

　　软件准备：Premiere、狸窝全能格式转换器；智能手机。

　　Premiere 是短视频制作和剪辑中的常用软件，其操作界面由多种不同的面板组成，其中最常用的是"项目"面板、"源"面板、"时间轴"面板和"节目"面板（图 4-12）。

　　"项目"面板的主要功能是进行视频素材管理，也可在其中建立序列文件
（图 4-13）。

图 4-12　Premiere 工作界面

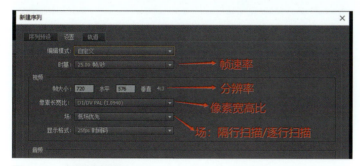

图 4-13　序列创建面板

　　"时间轴"面板的主要功能是使用工具栏中的工具对视频素材进行剪辑和
制作各种效果。

　　"节目"面板的主要功能是预览剪辑的视频效果。

（1）导入素材

　　素材是指将要编辑的视频、图片或音频。单击"项目管理"操控面板的空
缺处，在这里选定所需的图片、视频或音频素材，导入"项目管理"的操控面
板中。

（2）使用工具栏中的切割工具对视频进行剪辑

　　视频编辑主要是指对时间轴上的视音频素材进行分割、删除、插入工作，

在 Premiere 中可以通过工具栏中的"切割"工具进行操作（图 4-14）。

（3）添加并设置转场效果

Premiere 提供了多种预定义的转场组，主要有"3D 运动""划像"等，每种转场组中又有多种转场效果（图 4-15）。

（4）调整视频效果

Premiere 提供了许多视频效果，有颜色变换、像素控制等多种效果组（图 4-16）。

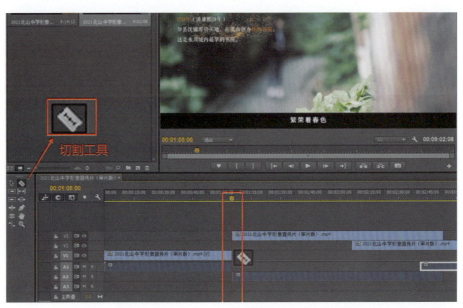

图 4-14 切割工具

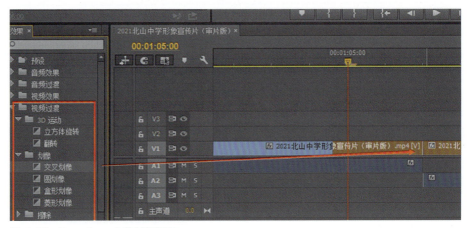

图 4-15 Premiere 中的转场添加

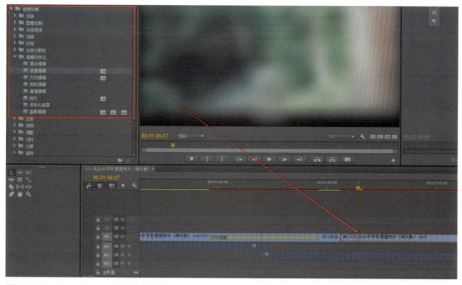

图 4-16 Premiere 中的效果添加

（5）添加合适的滤镜

Premiere 中有"电影胶片（Filmstocks）""影片"等多种滤镜组，"效果"面板中选择"Lumetri 预设"选项，双击其中的滤镜选项即可为"时间轴"面板中的视频添加滤镜（图 4-17）。

（6）添加短视频字幕

Premiere 中可以添加短视频字幕并设置字幕样式。其基本操作方法是在"项目"面板中点击鼠标右键选择"新建项目"中的"字幕"，在右侧弹出的对话框中可以对添加的字幕进行"字幕样式"和"字幕属性"的调整（图 4-18）。

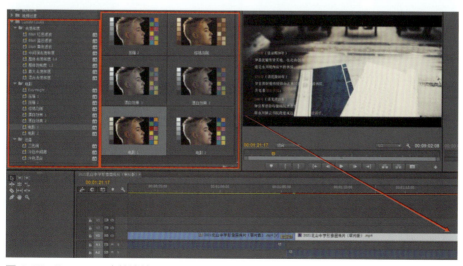

图 4-17 Premiere 中的滤镜

图 4-21　视频格式转换参考图

图 4-22　匹配剪辑

图 4-23 跳剪

图 4-24 动作剪辑

动作剪辑：即视频画面在人物角色以及镜头主体仍在运动时进行转换的编辑手段（图 4-24）。

交叉剪辑：在不同空间进行的两个动作交错剪辑，形成紧凑的氛围和激烈的节奏感，从而产生惊心动魄的戏剧效应。

任务指导

在任务制作过程中，可以参考扫描二维码，观看解读视频，解决具体问题。

PC端
Premiere
短视频剪辑

任务四　移动端剪映短视频剪辑

任务解读

短视频剪辑是指通过使用软件将拍摄的视频素材整理成一个完整短视频的过程。这里的软件包括移动端和 PC 端软件两种类型。移动端常用的短视频剪辑 App，包括剪映、VUE 等。

本任务则是利用剪映 App 进行编辑，内容包括对视频素材的分割、变速、动画、滤镜、效果、动画、音频等方面的编辑。

任务流程

软件准备：剪映、智能手机。

对于非专业短视频创作者来说，该 App 结合抖音平台，实现拍摄、剪辑、发布一体化流程，是零基础用户快速上手的不二选择。

剪映之所以能够成为移动端剪辑软件的主流有以下特征（图 4-25）：

剪辑模板	视频特效	字幕样式	背景音乐	视频转场	贴纸	效果滤镜	色彩调节	水印	启动相机	是否免费
较多	90种以上	较多	便于添加	40种左右	100种以上	40种左右	功能强大	免费关闭	否	是

图 4-25　"剪映"App 特征

（1）导入素材

打开剪映 App，在界面上方中点击"开始创作"，选择音视频素材进行编辑（图 4-26）。

（2）使用工具栏中的工具对视频素材进行剪辑

剪辑功能是短视频剪辑软件的主要功能，其操作方法是在编辑主界面下方工具栏中点击"剪辑"按钮，或者在编辑窗格中点击需要编辑的视频素材（图 4-27）。

分割：点击"分割"按钮，以播放指针为分割线，将视频素材分割为前后两个部分。

变速：其中包括常规和曲线变速。常规变速根据原速度的 0.1 到 100 倍进行变速，曲线变速可以自定义或根据默认的变速方式进行变速（图 4-28）。

音量：点击"音量"按钮，调节当前视频素材音量。

动画："动画"包括"入场动画""出场动画""组合动画"三个选项。

删除：可以删除当前选择的视频素材。

编辑：包括"镜像 / 旋转 / 裁剪"（图 4-29）。

滤镜：在"滤镜"栏中可以选择一种滤镜样式应用到视频素材中（图 4-30）。另外，剪辑工具栏里还有不透明度、美颜、变声等功能。

图 4-26　"剪映" App 素材导入

图 4-27　"剪映" App 剪辑工具

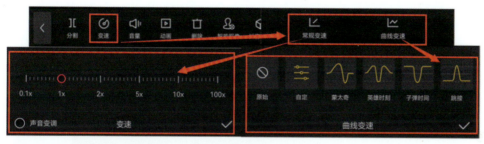

图 4-28　"剪映" App "变速"

图 4-29　"剪映" App "编辑"

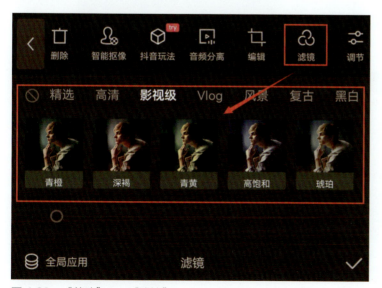

图 4-30　"剪映" App "滤镜"

调节：包含对视频素材的各种性能参数，例如"亮度/对比度"等（图4-31）。

（3）添加短视频背景音乐

"音频"工具栏中包括所有声音剪辑工具，在剪映工具栏中点击"音频"或者在编辑窗格中点击"添加音频"按钮，即可展开"音频"工具栏（图4-32）。

音乐：点击后进入"添加音乐"界面，在其中将其添加到视频素材中。

音效：点击"音效"，展开"音效"栏，在其中可以下载和应用相关的音效。

提取音乐：单击"提取音乐"，可以打开本地视频文件夹，从里面选取某个视频声音文件，就可以把视频中的音乐提取过来作为当前视频素材的音乐使用。

抖音收藏：可以将在抖音中收藏的音乐应用到视频素材中。

录音：点击"录音"，按住"按住录音"按钮即可录制声音。

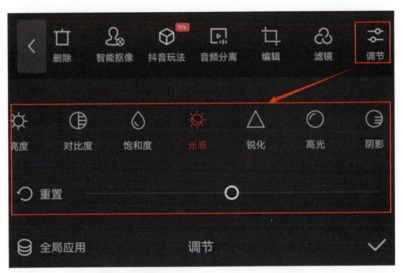

图4-31　"剪映"App"调节"

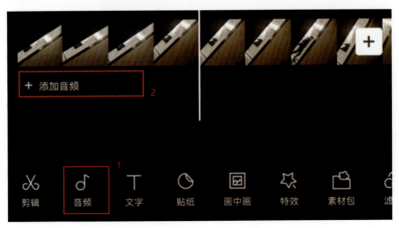

图4-32　"剪映"App"音乐添加"

（4）添加短视频编辑文字效果

"文本"工具栏中包括所有文字剪辑工具，主要包含以下 5 个选项
（图 4-33）。

图 4-33　"剪映" App "文字编辑"

任务指导

　　在任务制作过程中，可以扫描二维码，观看任务制作视频，解决任务执行
过程中的具体问题。

移动端剪映
短视频剪辑

任务五　短视频的发布与推广

任务解读

　　想要大量用户观看并广泛传播目标短视频，则需要将短视频发布到短视频
平台中，并进行适当的推广。短视频的发布与推广是在完成策划、拍摄和剪辑
等流程并制作出具备优质且原创的短视频内容后必不可少的环节。本任务将对
短视频发布的基础知识和技巧、推广技巧和推广渠道等进行介绍。

任务流程

　　软件准备：智能手机、抖音 App。

（1）把握发布时间

　　短视频的发布效果受到很多因素的影响，发布时间是其中至关重要的一个
因素（图 4-34）。

（2）结合@功能

　　@功能是指在发布短视频时，发布者 @ 好友或者 @ 官方账号等操作。通
常 @ 的这个目标都是自己关注的某个短视频达人，若能带动达人进行转发，
这样就能使发布的短视频被更多的用户观看（图 4-35）。

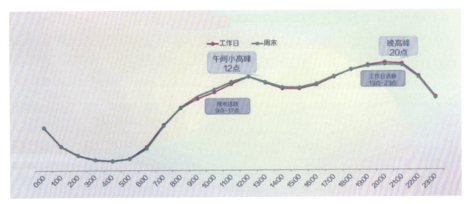

图 4-34　抖音短视频时间活跃表

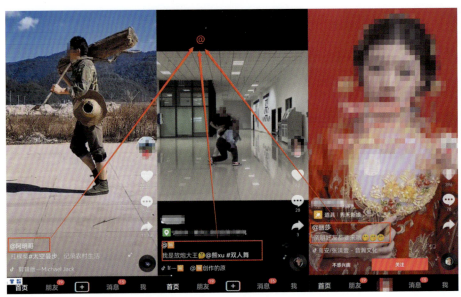

图 4-35　"@"功能

图 4-36　"#"功能

（3）使用地址定位

在短视频发布时还可以选择地址定位功能，将地点展示在短视频用户名称的上方。地址定位功能是一种私域流量入口，可用于商业推广。

（4）结合热门话题

话题是指平台中的热门内容主题，通常以 # 开头。被广大用户所关注的热门话题通常是短视频的重要流量入口（图 4-36）。

任务指导

在任务制作过程中，可以扫描二维码，观看任务制作视频，解决任务执行过程中的具体问题。

短视频的
发布与推广

模块五｜直播与直播运营

模块解读

项目说明

（1）直播的概念

网络直播是随着移动互联网等技术发展诞生的新兴业态，是由网络主播提供的不经过录音或录像，依托互联网和手机或电脑等直播工具，在网络直播平台上同步进行实况播送的网络内容服务形态。

（2）直播运营的概念

直播运营这个角色是主播背后的核心操盘手，随着直播行业不断发展壮大，对直播运营人才的需求也就愈加强烈。

有人说主播只可筛选，不可培养，是需要"天赋"的；而运营这个角色是可以培养的，且比主播更重要。

IP 的打造需要团队协作。早期初创时，主播身兼数职，但是越到后期，主播成为一个演员的角色。直播运营团队里除了需要选品、搞定供应链、把控产品质量，还需要策划内容和脚本、对接商务沟通、推广引流以及什么时候卖什么货品？用什么话术引导？目的是什么？最终结果怎么样等？这些都是直播运营的主要工作。

比如，我们经常看到一些直播间里主播带货时以一款低价产品引流，也叫宠粉，目的是吸引用户停留在直播间，提高在线人数，获得关注。让目标用户先入圈，再慢慢转化更高客单价的高利润产品，不断持续做数据优化和运营。整个过程用什么话术、脚本是什么、需要什么道具、做什么类型活动，都是由运营人员提前准备好的。

项目目标

- 了解直播行业的发展动态、分类及现有的平台
- 掌握直播的工作流程
- 掌握直播的方法与技巧
- 掌握直播的流程控制

知识补充

（1）直播行业现状

自 2016 年网络直播市场爆发以来，直播平台、观众数量呈现井喷式增长，我国网络直播行业迎来发展的春天。2020 年"全民直播"时代来临，网络直播市场达到历史新高，初步预测市场规模突破 1 500 亿元，直播也因此被称为拥有千亿市场的新兴产业。

从网络直播用户来看，2020 年由我国网络直播用户规模也出现了大幅增长。统计数据显示，截至 2020 年 12 月末，中国网络直播用户规模达到 6.17 亿人，比 2018 年 12 月末增加了 2.2 亿人。

随着网络直播渗透率的不断提升，我国网络直播习惯基本养成，预计至 2026 年我国网络直播市场规模将超过 2 万亿元。

（2）直播的分类及平台介绍

①电商直播快速崛起

从直播类型来看，网络直播大致分为：秀场直播、游戏直播、垂直领域直播（电商直播、体育直播等）、泛娱乐直播等。近年来我国电商直播异军突起，发展迅速，特别是 2020 年以来，人们长期居家，电商直播成了众多网络直播用户的选择。2023 年一季度，我国网络零售市场规模总体稳步增长。电商平台累计直播场次数超 4 300 万场，累计观看人次超 3 600 亿人次，直播商品数超 3 400 万件，活跃主播数超 200 万人。

②直播平台分类

现在直播平台有虎牙、斗鱼、映客、哔哩哔哩、腾讯 now、陌陌、花椒、酷狗、抖音、快手、一直播等众多的直播平台，随着直播行业的发展，未来还有更多的新平台出现，也有平台会逐渐被淘汰。按照各大平台特点，将平台分为以下四大类：

- 游戏直播平台。游戏直播平台的代表有虎牙直播、斗鱼直播等。
- 娱乐直播平台。娱乐直播平台的代表有陌陌、腾讯 now、映客直播等。
- 泛娱乐直播平台。泛娱乐直播平台的代表有哔哩哔哩直播，这类直播平台直播内容涵盖了番剧、音乐、舞蹈、游戏、科技、娱乐、鬼畜、电影等各种领域。
- 短视频直播平台。短视频直播平台的代表有抖音、快手等。

（3）选择平台

①考虑以下因素：用户量、竞争度、薪资结构

用户量：这个平台的用户怎么来的？用户量多大？

竞争度：这个平台在同类型的直播平台里是否处于靠前位置？

薪资结构：薪资结构是否合理？

②选择适合自己的直播方式

● 手机直播优于电脑直播的方面

便携性：手机＞电脑；操作简易度：手机＞电脑；网络匹配度：手机＞电脑。开播成本：手机＜电脑。

手机直播设备：手机两部＋手机声卡＋麦克风＋监听耳机＋补光灯＋手机支架（图 5-1）。

● 电脑直播优于手机直播的方面

直播稳定性：电脑＞手机；画质和音质：电脑＞手机；功能应用：电脑＞手机。

直播可展示内容：电脑＞手机（图 5-2）。

③做好自己的定位

如果你形象气质佳，又有一定的才艺，那么可以去娱乐直播平台；如果你玩游戏特别好，口才表达能力强，那就可以考虑去游戏直播平台。

图 5-1　手机直播形式

图 5-2　电脑直播形式

为什么不考虑平台分成？每个平台都要保持对主播的吸引力，小平台想吸引主播，唯一的手段就是高分成，因为这样才能让主播活下去，甚至这些平台都在靠不断投入的资金发展；而大平台因为有足够大的用户量和刷量，低分成却同样能让主播赚到比小平台更多的钱。

任务一　直播前准备事项

任务解读

对于新手来讲，第一次直播有哪些需要注意的事项，本任务将介绍在直播开始之前我们应该准备的设施设备、宣传素材和一些注意事项。

任务流程

软件准备：WPS Office 办公软件、PS 图形处理软件、直播平台软件。

（1）硬件准备

在硬件设施的准备上，我们需要配备如下设施设备：两部手机、声卡/话筒、领夹麦、桌面手机支架、方形柔光灯、环形美颜灯（图 5-3）。

注意：准备好电源、排插、充电线、充电宝等。

图 5-3　直播设备

（2）封面海报设计

生活化＋内容性强的封面＋优质的开播内容介绍，可以带来更好的直播分发效果，将有机会获得更高级曝光。

设置封面三种尺寸：900×720（5：4）分发到其他平台：4：4、16：9。

①封面海报的禁忌

只有商品没有任何介绍性文字或者只有文字没有任何直播内容导向图片；图片不清晰、与直播内容无关、只有商品展示没有商品介绍的封面海报，点击数极低（图5-4、图5-5）。

图5-4　直播封面海报

图5-5　直播封面海报

②封面设计要点

只有文字排版的封面缺乏吸引力，尽量做到图文混排；生活感和内容性强的封面比海报＋纯商品展示的封面点击率高出80%（图5-6—图5-8）。

③直播文案设计要点

直播文案要得有"干货"、有看点，适合阅读，才更能获得曝光量。

例如，不要直接说"卖家具啦"，可以说：如何让你房子变大20平方米；不要直接说"教化妆啦"，可以说：某某教你变脸换颜；不要直接说"画睫毛啦"，可以说：美睫好物大测评！！！来做精致睫毛女孩！

（3）上架产品

主推产品上架到购物车，并设置好产品顺序；检查并设置好产品价格、活动优惠、运费险；熟记产品链接并引导用户下单。

（4）开播前预热（朋友圈小视频、图片做引流预告）

准备：文案、直播间二维码、宣传小视频。

宣传：朋友圈、微信好友、微信群、公众号等（图5-9—图5-11）。

图 5-6　图文混排直播封面

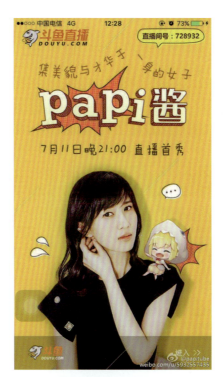

图 5-7　图文混排直播封面

图 5-8　图文混排直播封面

图 5-9　微信好友宣传

（5）光线调试

直播时的光线一定要明亮，补光灯可以让直播间光线更好，特别是面部表情（图 5-12、图 5-13）。

图 5-10　公众号宣传

图 5-11　朋友圈宣传

图 5-12　球形灯

图 5-13　环形灯

（6）音乐准备

直播间播放背景音乐，可缓解主播的紧张心情，调动直播间气氛。可以准备多种音乐模式，如背景音乐、氛围音乐、特定效果音乐等，以便于随时切换。建议在开播前，提前准备好每个环节所需的音乐。

（7）主播个人形象准备

服饰：黑白或者白色的衣服容易曝光。

妆容：化好妆出镜，尽量不要素颜出镜。

发型：干净清爽、不要凌乱。

表情：保持微笑具有亲和力。

互动：温和、真诚，多与粉丝交流。

（8）人员配备：主播＋副播

直播间主播的标配是主播＋副播，两个人搭配效果更好，副播负责截屏和抽奖，还可以增加 1~2 名刷流量点赞以带动气氛的群众人员。

（9）场景布置

场景干净整洁，避免过多物品杂乱，符合产品调性。直播间背景墙如果是实体店，可在店内直播，店内环境和货架作为背景墙更真实。如果是自己单独准备的直播场景，背景不要太花哨，否则会给人很乱的感觉，还可以设置大型观看屏幕，方便及时接收粉丝信息和把握直播整体效果（图 5-14）。

图 5-14　直播场景

（10）直播镜头角度

直播镜头角度可以是平行和由上而下，尽量不要从下往上设置，这样会显得脸特别大，而且主播五官都容易走形，也不能离镜头太近或者太远，太近的话观众只能看见一个大脑袋，太远的话，给观众产生距离感，所以太近太远都会给观众造成不好的视觉感受，所以要定好角度和距离问题。

（11）确保网络信号良好

开播前需检查好自己的网络，保证自己的网络流畅，不能有卡顿，若使用4G 开播，建议关闭 Wi-Fi，以免自动接入 Wi-Fi，出现网络中断。

开播前请关闭手机其他应用，同时建议开启勿扰模式，防止电话打入影响直播。

（12）写好直播内容大纲（脚本）

可以提前把要播的内容大纲写好，开播前放在方便看得到的地方，以免紧张忘记流程。

（13）设定开播目标

做直播首先要确定目标，即通过直播方式想获得什么（用户量、成交量还是销售额？），确定一个明确的目标后，围绕这个目标制订营销策略，做一套完整的营销方案。

任务二　直播技巧

任务解读

本任务列举了在直播过程中的一些方法和技巧，以帮助大家尽快进入直播角色。

任务流程

软件准备：WPS Office 办公软件、直播软件。

（1）表情动作丰富

直播间就是主播和观众沟通互动最重要的桥梁，主播除要善于调动现场气氛外，还要尽可能地加强与粉丝间的交流，提高互动感。另外，主播还要注意丰富的表情和动作，积极与热情的表现。

（2）注重礼貌、多说感谢

主播与粉丝文明交流互动，让直播在规范和秩序中推进，是当下直播发展的大势所趋，利用庸俗和猎奇的方式吸引围观的方式早已经被粉丝们唾弃。

当有粉丝送礼物给你时，无论数量与价值多少，都要一视同仁，向送礼物的粉丝表达尊重和感谢，能配上适当的赞美最好不过。让粉丝感受到主播的诚意与热情，并有意愿继续互动。当没有人送礼物时，主播不要直接当面要礼物，这样反而会造成观众的逆反心理，引发粉丝反感。

（3）扩展知识面广度和深度

直播间考验的是主播的随机应变能力，与天南地北的粉丝互动需要丰厚的知识储备。如果主播性格幽默，就很容易引起粉丝好感。但是许多新手主播自己本身不够外向，也没有幽默的潜质，那么对他们来说，其实可以针对本场直播收集整理一些可能用到的拓展性知识要点，比如把一些幽默互动的小故事抄在纸条上，然后直播时可以照着读。虽然略显生硬，但也不失为一种办法。更好的办法当然是平时多积累，直播时灵活运用，再搭配一些当前的热门话题，这样直播间的趣味性、可看性将显著提升。

（4）融入真实的生活感受和经历

直播对于粉丝来说最大的吸引力就是真实。主播的现场直播，不管是商品试用还是与粉丝互动，主播的一举一动都是实时呈现的，所以这对于观众来说是最真实的。

我们在直播间体验产品时，就应该营造出一种贴近现实的感觉，多谈一些真实的生活感受拉近主播和粉丝的距离。例如一些鸡毛蒜皮的生活小事，看似平淡，但真实和接地气，更容易让粉丝找到参与互动的点。

（5）学会寻找话题、巧用互动方式

主播要学会自己寻找话题活跃气氛。话题的内容可以是：评论你今天看到了什么，做了什么；分析社会新闻；分享一首好听的歌曲。同时要紧盯着公屏上的用户发言，可以根据用户发言来延伸话题。

同时，要学会用互动留住观众，比如：小游戏互动、搞笑道具互动、弹幕互动、连麦互动等。

（6）体现直播专业度

做直播带货时，一定要专业。在大部分消费者的内心深处，希望有专业的人来引导和帮助自己快速决策。在这样的情况下，专业度较高的人，更容易获得消费者信赖。

在带货直播过程中，直播时需要主播对消费者提出的问题进行专业的解答。

如果你是卖衣服的，那么你不能连衣服的面料都说不上来；如果你们是卖美妆产品，就不能对化妆品成分、适用肤质一无所知。所以在直播之前，我们就得把直播卖的东西了解透彻。

（7）培养独特直播风格

在过去，人们提到主播，往往是秀场主播，在直播间展示才艺获得打赏，而现如今直播带货的电商主播与之完全不同，他们以带货为目的，在直播间展示商品，促成交易，能否真正地实现交易，这个才是考验一名电商主播的核心要素。所以在直播运营的初始阶段，打造成功的直播风格才能更容易脱颖而出，一个出色的人设能给粉丝留下深刻的印象，并逐渐增加粉丝黏性。

（8）选择合适的直播档时

很多主播以为晚上 7 点到 11 点是黄金时期，都抢着这个档，其实不然，黄金档的确上网的人会多点，但是上线的大主播更多，新人主播很难和那些已经成气候的大主播竞争，这时应学会合理地错峰直播。当主播发觉自己选择的当前直播时段人气状况不理想时，可以尝试考虑更换其他直播时段，以发掘更多的潜在用户。

任务指导

在任务制作过程中，可以扫描二维码，观看任务制作视频，解决任务执行过程中的具体问题。

抖音直播伴
侣使用指南

任务三　直播流程控制

任务解读

一个优秀的直播流程控制，可以保障主播全场直播的稳定输出；可以带动粉丝的互动氛围，为整点秒杀、抢购活动蓄力；也可以帮助新手主播快速成长，缩短培养周期。

直播带货流程至少包括直播前、直播中、直播后三个方面。本任务将帮助大家掌握直播的流程。

任务流程

软件准备：WPS Office 办公软件、直播平台软件。

（1）直播前

①团队组建

一般来说一支标准的直播团队由以下组成：主播、实体店导购、场控、运营、拍摄剪辑、客服及售后。

主播一般配置 1~3 人，分为主播、副播、助播。主播是带动直播氛围，介绍直播活动，提醒到点，引导粉丝关注等。那副播就是实时了解卖货的销售额、订单数，提醒主播，进行画外音互动等。

实体店导购一般 2 人就足够，主要辅助主播介绍产品的特性、种类，协助主播跟粉丝之间的互动。

场控 1 人，负责现场产品的秒杀改价、库存核对、活动优惠设置、小店后台设置等，如果人员不够助播可以承担该工作。

运营 1 人，负责观察后台直播数据、前期推广宣传等。

拍摄剪辑 1 人，负责直播前期的视频拍摄和后期的剪辑工作。

客服售后起初安排 1 人即可。负责直播过程中客户售后问题，比如所购买产品的大小、颜色等问题。

②选品

直播产品分为引流款、利润款、品牌款，根据需求挑选不同种类的产品。

引流款就是帮助吸引新用户，比如"秒杀""1 元""免费""不要钱"的产品。

利润款就是指高价款，以盈利为主，成本低，利润高。

品牌款分为标品和非标品，标品就是指有统一价格，用户也查得到标准价，比如手机、电脑、数码产品等；非标品就比如服装产品，没有明确规格和型号，产品不同价格差异性大。

③脚本策划

直播前脚本一般是流程图（时间安排、直播内容等）和直播话术图（产品特点、活动优惠等）。

● 过款型直播带货流程

在一场直播里，你可能要介绍多款产品，一款接一款地介绍，若一款产品只在这场直播里面介绍一次，则此产品就叫过款型产品。

过款型标准化直播流程示例：

开场 10 分钟直播热场互动。就像跑马拉松一样，发令枪刚刚响，我们肯定是慢慢地上节奏，不能一开始就用百米冲刺的节奏去跑。直播也是一样，所以正式开场前的直播热场互动也是很有必要的。可以用一些直播间互动小游戏或者是当下热点来引导直播间粉丝互动、扣公屏等。

热场 5~10 分钟，人气慢慢上来之后，就开始过款——产品介绍了。虽然是过款，但是直播间带货还是和线下门店不一样，直播间带货需要宠粉款（超高性价比商品、活动促销）、利润款、组合产品等搭配销售，这就是直播生态里特有的定价和产品组合。

直播最后再做一个小回顾，因为一个粉丝在你的直播间停留的时间是有限的，他不会从你直播开场一直待到你下播，一般情况下直播间粉丝停留的时间也就是 15~20 分钟，所以在直播快要结束的时候，抽 20~30 分钟的时间，把整场直播的产品回顾一下，快速过一下，这种时候往往会有很多捡漏的订单生成。

上面就是过款型的直播流程设计和建议，当然你也可以在这个直播流程里面适当地增加或减少部分环节，具体情况具体应对。

● 循环型直播带货流程

有一些直播可能手里的产品不是特别多，或者品类不多。如果你还用过款型的直播带货流程，那么是不利于成交的。因此，建议采用循环型的直播带货流程。

循环型直播带货流程就是以 30~40 分钟为一个周期，把你的商品过一遍，也就是说在一场 2 个小时的时间里面，把产品按照宠粉、利润（主打款）等组合、循环地播几遍，相当于是把同一款产品在一场直播里面循环地卖了几遍。

这种流程也比较适合新手主播，因为如果是过款带货，产品比较多，需要主播对产品的了解和前期准备都要稍多一些。

● 直播带货话术

直播带货话术是吸引粉丝停留的关键。想要粉丝下单，前提条件是要让粉丝在你的直播间停留一段时间，然后再通过成交话术、催单话术让其成交。

直播间话术大概有以下几种：直播开场话术、直播留人话术、直播互动话术、直播促单话术。

（2）直播中

①引导粉丝关注和评论

根据直播流程和脚本，分钟固定式进行循环化。比如点亮粉丝灯牌、互动、关注等引导，利用疑问句的形式增进与粉丝之间的互动。此外还有发红包倒计时准备，紧急促单等。

②测试直播情况

助理全程需要观看直播，确保各渠道的粉丝正常观看直播，比如网速、收音、灯光等。随时关注主播进度，提醒节奏，并在主播空档时间配合辅助说话。

③运营操控

确保主播在介绍该产品时已经将产品添加到小店橱窗前端展示。途中进行商品秒杀时改价改库存操作，主播倒计时准备，提升急迫感来实现秒杀转化率提升。在直播间提前设置管理员，有敏感词出现时设置屏蔽。

（3）直播后

①及时发货和处理退货

用户下单后需要按时发货并及时处理售后，不然收到投诉会引起平台处罚，可以详细参考各平台规则。

②直播后二次推广

可以把直播数据、精彩花絮等做成短视频发往朋友圈社群内或者抖音进行二次宣传。

③直播复盘

直播后全团队需要进行复盘来不断优化直播内容。从前期的推广到后期转化，主播话术、场控节奏、后期的 IP、UV、PV、RV 数据等都是要不断优化的。

<h2>任务指导</h2>

在任务制作过程中，可以扫描二维码，观看任务制作视频，解决任务执行过程中的具体问题。

bilibili直播姬
（App版）
教程

模块六｜新媒体运营

模块解读

项目说明

　　新媒体运营是做什么的呢？在这里结合实际的岗位工作，对新媒体运营的具体工作职能做一个讲解：

　　运用相关技术工具，进行数据分析，指导用户需求和信息传播的匹配性；

　　负责对文字、声音、影像、动画、网页等信息内容进行策划和加工；

　　将信息向目标受众进行精准分发、传播和营销；

　　根据数据分析、监控情况，调整媒体分发的渠道和策略；

　　建立融媒体传播矩阵，构建多维度立体化的信息出入口。

　　看了以上内容，相信可以对新媒体运营工作内容有个大致的了解。下面举个例子，帮助大家理解。

　　某农产品公司的新媒体运营师的工作内容有：根据农产品特性和用户喜好，编写与农产品有关文案或者制作视频，发布到微博、公众号、抖音等媒体平台。

　　根据发布后的数据，优化内容，再次发布，提高曝光量、转化率。

　　建立融媒体传播矩阵，具体包含：以图文为主的博客、微博、公众号、百家号、搜狐号、头条号、企鹅号等；以视频为主的抖音、快手、B 站等；以音频为主的喜马拉雅、荔枝、千聊等；还有兼具图文、视频属性的小红书；以及海量的新闻站点、论坛、百度系产品、App 等，可以进行产品曝光的媒体，均纳入融媒体范畴。

　　本项目实操过程中，将主要从新媒体定位策划、平台运维两个方面进行训练。

项目目标

- 掌握基本的新媒体定位和选题的方法
- 掌握新媒体运营手册的撰写方法
- 掌握打造独有新媒体风格的基本方法
- 掌握微信公众号的基本操作与运营方法
- 掌握自媒体的基本操作与运营方法

知识补充

（1）新媒体定位的概念

定位是指在潜在顾客的心智中做到与众不同。定位并非要改变产品，而是要调整潜在顾客的心智。也就是说，在潜在顾客的心智中对产品进行定位。

如何实施"定位"？在此将定位归纳为三个步骤：我们的竞争对手是谁；竞争对手的价值是什么；将这一定位整合进企业内部运营的方方面面。

（2）自媒体的概念和分类

①自媒体的概念

自媒体又称"公民媒体"或"个人媒体"，是指私人化、平民化、普泛化、自主化的传播者，以现代化、电子化的手段，向不特定的大多数或者特定的群体传递规范性及非规范性信息的总称（图6-1）。

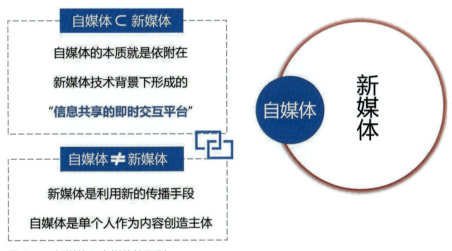

图6-1　新媒体和自媒体的区别

②自媒体分类

目前主流自媒体大概可以分为以下四类：文案类、短视频类、信息流类、问答类。

文案类：微信公众号、今日头条等。

短视频类：抖音、快手、火山等。

信息流类：微博、网易新闻等。

问答类：知乎、悟空问答等。

任务一　新媒体的定位与选题

首先要强调的是：作为一个新闻媒体从业人员，作为一个网络信息的发布者，我们的专业水平和职业素养直接决定了网络新闻的质量和真实性。因此，为保障内容质量，新闻媒体从业人员需要提高自律性和自觉性。

新媒体是媒介技术更迭的产物，它本身不具有意识形态偏向，其使用者的意图决定着媒体的属性和倾向。新媒体从业者通过有效合理地利用新媒体，可以实现主流价值观更广泛的传播，在引领正确舆论导向的同时，引导社会公众形成正确的人生观、价值观和世界观。

软件准备：WPS Office 办公软件、思维导图软件（Xmind、MindMaster）。

（1）新媒体的定位

①确定用户群体

目标用户群体属性对于新媒体定位来说至关重要，用户群体的选择直接影响着后期新媒体该以什么样的形式、方法制作新媒体内容，只有在前期对所针对的用户群体进行分析，才能够更好地把握用户需求，做出能够被用户认可的新媒体账号。

一般情况下，新媒体运营人员需要在这个步骤，根据用户调研结果，掌握群体特征，并以此为依据，对大的群体进行拆分，进而划分更加垂直的内容方向，以满足特定用户群体的内容需求。

②确定服务内容

前面是把群体进行了分类、确认，那么在确认完群体后，就要确定我们可以通过哪些平台来对用户提供相应的服务内容了。

每个平台都有自己特定的用户群体，需要根据用户具体的需求设计对应的内容。

同理，每一个行业都有自己的特点，要根据企业所属行业的特点来合理地设计内容。

那么在设计前，也要对自己的行业和产品做仔细的研究，这样才能结合行业的特点去提供服务。

③合理选择平台

平台的定位非常重要，所有自媒体平台对外展现的形式无外乎三种：文字、视频以及图片。现在，内容的展现形式普遍还是文字、图片较多，炫酷的视频以及音频媒体使用率还相对较少。所以，不妨根据用户群体特点来合理地选择平台搭建新媒体账户。

④操作要求

实训开始时，请阅读上方实训步骤的描述，并作为内容参考填写下表，明确每个实训步骤的具体事项。

序号	事项	内容
1	定位的关键要点	
2	针对的用户群体	
3	提供什么服务	
4	选择哪些平台	

（2）新媒体的选题

通过热点做内容选题。

通过行业及用户需求做内容选题。

通过同行文章做内容选题。

保证每天都有内容输出。

实训开始时，请阅读上方实训步骤的描述，并作为内容参考填写下表，明确每个实训步骤的具体事项，要求在每个选题事项上，至少列出10条选题内容，最后汇总到选题库中。

序号	事项	内容
1	通过热点选题	
2	通过行业需求选题	
3	通过同行文章选题	
4	制作选题库	

新媒体定位
与选题

任务指导

在任务制作过程中，可以扫描二维码，观看任务制作视频，解决任务执行过程中的具体问题。

任务二　制定新媒体运营手册

在新媒体运营工作走向专业化、规范化之初，编辑《新媒体运营手册》，可以有效规范新媒体运营过程中界面排版、内容规格、图片使用、工作流程等步骤，从而使得整个新媒体运营工作可以更加高效、有序地完成。同时，对打造统一的新媒体风格、让新的新媒体工作人员能够更快速地投入工作均有帮助。

任务流程

软件准备：谷歌浏览器、创客贴图片在线制作工具。

①跟小组成员一起讨论微信公众号的运营风格和方法。

②参考下面的具体实施案例展示，制作新媒体运营操作手册（表）。

制定新媒体
运营手册

任务指导

在任务制作过程中，可以扫描二维码，观看任务制作视频，解决任务执行过程中的具体问题。

任务三　打造新媒体风格

任务解读

新媒体风格打造需要注意以下三个方面的问题：

（1）只提供"精众"内容

每一位新媒体工作者都想自己运营的新媒体账号成为读者信息世界里的"一站式购物中心"。但在实际应用中，每一个新媒体账号都不可能做到像腾讯新闻一样大而全。所以，不要奢望提供全面、丰富的内容，而应专注于某类人群的阅读需要。比如，《创业家》只专注于创业，延伸出黑马品牌；《商业价值》只专注于科技创新，延伸出极客公园品牌；36氪只专注于全球创新创业公司的动态跟踪，延伸出氪空间的服务模式。

（2）只满足所有受众的某一种需求

过去，一些自诩为面向高端读者的媒体，总想着成为企业家群体生意和生活的所有方面的信息合作伙伴，从管理技巧到高尔夫行业无所不包。其实，你要做的要么是管理方面的杂志，要么是高尔夫行业的杂志，只要对这一主题感兴趣，不同职阶、收入和地域的读者都会成为你的受众。以人群定义自己的标签，不如以兴趣强化自己的风格。

（3）在视觉方面树立新媒体独一无二的风格

在界面（文章封面图、内容选图、排版风格）、展示形式（图文、视频、音频）等方向，树立新媒体独一无二的风格，能够让大众在众多新媒体浏览过程中记住你。

任务流程

软件准备：WPS Office 办公软件、谷歌浏览器。

①明确封面图风格。

②固定文首风格。

③固定文末风格。

④固定推送时间。

⑤固定排版风格。

任务指导

在任务制作过程中，可以扫描二维码，观看任务制作视频，解决任务执行过程中的具体问题。

打造新媒体
风格

任务四 微信公众号基本设置

任务解读

微信公众号运营过程中，造成微信公众号封号的主要原因如下：

（1）外挂行为

一些未经许可、擅自篡改微信客户端数据的第三方外挂软件，通过模拟自然人的使用行为达到批量或自动操作的目的。

（2）刷粉行为

一些微信运营者为了完成吸粉的任务，存在僵尸粉刷粉行为，并且僵尸粉活跃度和转化率都非常低，不到 0.1%。

（3）诱导分享行为

以奖励或其他方式，强制或诱导用户将消息分享至朋友圈的行为。奖励的方式包括：实物奖品、虚拟奖品（积分、信息）等。

任务流程

软件准备：谷歌浏览器、创客贴图片在线制作工具。

（1）注册微信公众号

①微信公众号命名建议

账号注册最重要的一步，那就是名字。起名字有几点建议：

- 2~4 个字最佳，名字简短精干、通俗易懂；
- 能让用户一眼看到就知道你是做什么的，具有明显的可识别特征；
- 与你的个人名字相关的也可以，比如王小胖、张天澜等；
- 如果你在某一个平台有粉丝，那么就取与这个平台同步的名字。

②微信公众号的头像制作

电脑端：美图秀秀制作微信公众号头像。

手机 App：canva 制作微信公众号头像。

（2）公众号的基础设置

公众号的基础设置主要有：修改微信公众号头像；为微信公众号设置微信号；修改微信公众号名称；下载微信公众号二维码；更换注册邮箱；上传图片自动添加水印设置；微信公众号管理员设置。

微信公众号
基本设置

任务指导

在任务制作过程中，可以扫描二维码，观看任务制作视频，解决任务执行过程中的具体问题。

任务五　新媒体文案界面排版

任务解读

罗宾·威廉姆斯在《写给大家看的设计书》中，根据自己多年的实践经验，总结了四个设计的基本原则——亲密性、对齐、重复、对比。这四个原则对于新媒体运营来说非常实用，比如图文排版、海报、二维码、封面设计等环节都能用上。

这里就新媒体界面设计提几点建议：

新人做设计的第一定律——做减法，开始时使用的元素越少越好，因为每增加一种元素，设计的复杂性都是指数级上升的；把所有内容的字体、字号、颜色、风格统一（重复原则）；选定一个统一的对齐方式（对齐原则）；按内容逻辑对内容进行分区（亲密性原则）；对需要强调的部分进行对比处理（对比原则）。

任务流程

①封面。

②页边距。

③字间距。

④行间距。

⑤文字选用规则。

⑥文字颜色使用。

⑦文首及文末引导图。

⑧文中插图选用原则。

⑨文案对齐形式。

⑩整体排版风格。

⑪文案重点强调方式。

⑫文案结尾设计。

⑬排版工具选择使用。

任务指导

在任务制作过程中，可以扫描二维码，观看任务制作视频，解决任务执行过程中的具体问题。

新媒体文案
界面排版

任务六 自媒体头条号的注册和基本设置

任务解读

头条号是今日头条旗下开放的内容创作与分发平台，实现政府部门、媒体、企业、个人等内容创作者与用户之间的智能链接。

既然做头条号的运营，就肯定要知道这个平台的推荐机制是什么样的，最后才能根据推荐机制探索头条号运营的实用玩法，才会获得更大的推荐次数。

下面，我们了解头条号的推荐机制：

比如在头条写一篇文章，写完之后点击发布，第一步是交由平台对文章进行检测，是否有违规信息等。

如果无违规，那平台就会进行第二步操作：识别文章的关键词，根据关键词给文章打标签，那这时候平台就知道你的文章属于哪一类标签。

接下来平台就会优先把文章推荐给"阅读过此标签的用户"。也就是说，比如这个用户之前读过"新媒体运营"相关的文章，如果你的头条号文章在关键词识别发现也属于"新媒体运营"这个标签，那平台就会优先把文章推荐给读过"新媒体运营"文章的用户。这就实现了用户需求与信息内容的精准适配。

推荐过程中，会根据文章的数据表现，进一步地推流，比如，文章先会推荐给小部分用户，如果效果很好，那平台就会推荐给更多人，如果效果不好，则会降低推荐次数。

以上就是头条的算法逻辑和推荐机制运行的基本过程。

任务流程

软件准备：谷歌浏览器、创客贴图片在线制作工具。

（1）个人类型注册头条号材料

只需要提交账号的头像、名称、介绍，即可完成注册。

（2）打开头条号网站开始注册

访问头条号网址。

（3）注册方式

可通过手机号、QQ、微信、邮箱4种方式注册。

（4）选择注册类型

选择头条号类型，个人发文的话选择"个人"即可。

（5）提交并审核

　　填写好所有必填项后，点击提交并等待审核，通过后你就是一名头条号创作者了。

任务指导

　　在任务制作过程中，可以扫描二维码，观看任务制作视频，解决任务执行过程中的具体问题。

头条号注册
及设置

参考文献
REFERENCE

［1］乐剑峰：文案人的自我修炼手册．广告文案［M］．北京：中信出版社，2016.

［2］加文·安布罗斯，保罗·哈里斯．创造品牌的包装设计［M］．北京：中国青年出版社，2012.

［3］任立民．商业宣传片私作品：文案、创意、策划［M］．武汉：华中科技大学出版社，2015.

［4］李东临．新媒体运营［M］．天津：天津科学技术出版社，2018.

［5］侯德林，李旭东．短视频运营与案例分析［M］．北京：人民邮电出版社，2021.

［6］姜自立，王琳．短视频：策划＋拍摄＋制作＋运营［M］．北京：人民邮电出版社，2022.